I0815299

Papel certificado por el Forest Stewardship Council®

Primera edición: octubre de 2024

Diseño de la cubierta: Penguin Random House Grupo Editorial / Judith Sendra

Printed in Spain – Impreso en España

ISBN: 978-84-19975-20-1
Depósito legal: B-11.418-2024

Maquetación: Miguel Ángel Mazón

Impreso en Gómez Aparicio, S. L.
Casarrubuelos, Madrid

GT 7 5 2 0 1

NACHO ARES

101 HISTORIAS del ANTIGUO EGIPTO

para niños y niñas

Montena

Introducción

¡Hola! Encantada de saludarte, mi nombre es **Bastet** y seré tu guía por el antiguo Egipto. Como ya sabes, los **gatos éramos animales importantísimos** en esa época, ¡prácticamente dioses! Bueno, casi como ahora, si lo piensas bien. Déjame que termine de acicalarme y ¡arrancamos!

HISTORIA DE EGIPTO

¿Cuándo empezó todo? Hace mucho más de lo que te imaginas. Hace 5.000 años, en la zona que ahora llamamos Egipto, diferentes pueblos se unieron en uno solo después de una gran batalla al mando del primer faraón. Su nombre era Narmer.

En general, la historia de Egipto se divide en tres grandes periodos: el **Reino Antiguo**, cuando los egipcios construyeron las grandes pirámides, ¡que aún hoy siguen en pie!; el **Reino Medio**, que fue un periodo bastante tranquilito, en el que los egipcios se dedicaron a construir templos y a escribir historias; y el **Reino Nuevo**, durante el cual vivieron grandes faraones como Ramsés II, la reina Hatshepsut o el famosísimo Tutankhamón. Durante ese tiempo, Egipto sufrió varias invasiones de pueblos extranjeros, como los hicsos (intenta decirlo sin atragantarte, ¡a ver si puedes!) o los asirios, pero los faraones siempre lograron expulsarlos.

Imagínate que toda esta historia sucede a lo largo de más de ¡tres mil años! ¿Te imaginas cuánto tiempo es eso? Pues el suficiente para adorar a muchísimos dioses, como **Amón o Ra**, y para crear un sistema de escritura complicadísimo basado en dibujos: los jeroglíficos.

Pero todo lo bueno se acaba, y en el año 332 a. C. el rey griego Alejandro Magno conquista Egipto, comenzando así la última etapa de esplendor de su historia que finaliza tres siglos después con la muerte de **Cleopatra, la última reina de Egipto.**

LÍNEA DE TIEMPO: MOMENTOS DESTACADOS DE LA HISTORIA DE EGIPTO

(todas las fechas son anteriores a la era cristiana)

3100
PRIMEROS FARAONES: NARMER Y EL REY ESCORPIÓN

2500
ÉPOCA DE LAS PIRÁMIDES (REINO ANTIGUO)

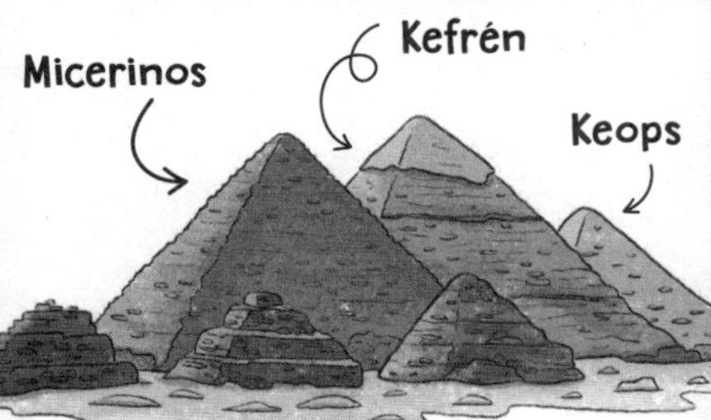

Hatshepsut
Tutmosis III
Amenofis IV
Tutankhamón
Ramsés II

1500–1000
ÉPOCA GLORIOSA (REINO NUEVO)

1000–400
INVASIONES EXTRANJERAS

332
CONQUISTA DE ALEJANDRO MAGNO

31
CONQUISTA DE ROMA

LA GEOGRAFÍA DEL PAÍS

1

¿CÓMO SE VIVE EN EL DESIERTO?

Cuando piensas en Egipto me apuesto lo que quieras a que lo primero que te viene a la cabeza es el **calor**. Pues tienes razón. Allí te asas como un pollo. Es cierto que el clima en la época de los faraones era un poco más húmedo que ahora, pero el desierto lo cubría casi todo, aunque **a ambos lados del río Nilo hay vegetación abundante**. En el Delta, al norte, donde el Nilo se ramifica en un montón de ríos más pequeños antes de llegar al Mediterráneo, las zonas verdes lo ocupan prácticamente todo.

Aunque las temperaturas en invierno bajan hasta los 0 °C, en verano pueden llegar fácilmente a los 40 °C o incluso más en las zonas húmedas. ¿Qué se hace para poder vivir allí? Pues lo que hacemos todos: adaptarse.

Los antiguos egipcios no tenían aire acondicionado en sus casas (¡hubiera sido maravilloso! ¿No crees?), así que los días de mayor calor durante el verano, empezaban a trabajar con el alba, antes de que asomara el sol, pero con suficiente claridad para poder ver (casi como tú cuando te levantas para ir a clase). A esas horas la temperatura suele ser más agradable. El problema eran los trabajos más pesados ya que requieren mucho esfuerzo físico. **Las tareas en el campo** debían de ser muy difíciles de llevar a cabo. Imagínate estar agachado recolectando o sembrando, recorriendo el terreno de aquí para allá, sin tener nada que te proteja del sol. Si lo haces pronto por la mañana, todo es más llevadero.

Y no hay que olvidar que los antiguos egipcios contaban con una ventaja muy grande. **Tenían muy cerca el Nilo** y los canales que nacían de él. Igual que ahora cuando vas a la playa, bebían mucho y se refrescaban para que la temperatura del cuerpo fuera constante y no les diera un sofocón.

Con todo, los contrastes entre desierto y zona verde eran enormes. Incluso hoy, en muchos lugares de Egipto puedes poner un pie en el desierto y el otro en una zona verde. **Los palmerales, los marjales con plantas de papiro, lotos o hierbas** hacían que en algunas zonas la temperatura fuera más agradable. Esta es la razón por la que me paso el día retozando entre la hierba fresca que hay junto al río.

EN VERANO, A LOS ANTIGUOS EGIPCIOS (Y A NOSOTROS, SUS GATOS) LES GUSTABA DORMIR EN LA TERRAZA DE LA CASA PARA DISFRUTAR DE LAS BRISAS NOCTURNAS, HAY QUE RECONOCER QUE NO SE DEBÍA DE VIVIR TAN MAL. TODO ES CUESTIÓN DE ADAPTARSE BUSCANDO UNA BUENA SOMBRA.

¿CUÁL ES LA FAUNA DE EGIPTO?

Pero entonces, si hacía tanto calor, ¿los animales aguantaban la vida en Egipto? Porque a mí lo que me gusta es estar fresquita...

¡Pues claro que sí! Al igual que los seres humanos, **muchos animales se adaptaron a la vida en el desierto** y a las zonas húmedas del país, y los conocemos a través de las pinturas y los relieves de las tumbas.

Allí podías encontrar leopardos y panteras negras, leones, zorros, cocodrilos, meloncillos, ratones, liebres, culebras, cobras, víboras cornudas, lagartijas, camaleones, perros, gatos, servales, lechuzas, abubillas, ánades, percas, peces globo, hipopótamos y todo tipo de insectos como saltamontes, escarabajos, abejas... ¿Los conoces a todos?

Seguro que hay algunos que te llaman la atención. Por ejemplo, el **serval.** ¿Sabes lo que es? Se trata de un felino, un poco mayor que yo, similar a un lince. Se alimenta de la caza en los marjales, las zonas en donde encuentra pájaros o serpientes (¿a qué sabrán las serpientes? Seguro que a pollo, como todo).

Otro animal curioso es el **meloncillo.** No, no es una fruta, aunque lo parezca. Es una mangosta egipcia, un mamífero carnívoro, parecido a un tejón con unos dientes muy afilados con los que caza principalmente **serpientes** incluso las más venenosas. ¡Pobres serpientes, todo el mundo se las quiere comer!

Te habrá llamado la atención que no mencione a los **caballos** o los **camellos.** ¡Ay! Ninguno es originario de Egipto. Los caballos llegaron hacia el 1600 a. C. y los camellos lo hicieron mucho tiempo después, casi en la última etapa de la historia de los faraones. Aun así, te cuento un secreto... chisss. Acércate.

LO QUE LLAMAMOS CAMELLOS CON UNA JOROBA, EN REALIDAD SON DROMEDARIOS. EL CAMELLO, DE HECHO, ES EL ANIMAL QUE TIENE DOS JOROBAS Y QUE NUNCA VERÁS EN EGIPTO.

3

¿QUÉ IMPORTANCIA TUVIERON LAS PLANTAS PARA LOS FARAONES?

Seguro que tus padres tienen por casa muchas plantas porque hacen bonito, ¿verdad? A los egipcios también les gustaban mucho, pero por una razón mucho más profunda: **para ellos, las plantas y la vegetación eran lo opuesto al desierto, lo contrario a la muerte**. Eran la vida. De hecho, el dios Osiris era el dios de la muerte, pero también era el de la vegetación y el de la primavera, es decir, la vida. Curioso, ¿a que sí? Nunca volverás a ver una margarita de la misma manera.

Los antiguos egipcios creían que cuando el mundo se creó, lo primero que aparecieron fueron las plantas. De ahí que en la época de los faraones les gustaran los **jardines con un estanque en el centro**, rodeados de todo tipo de flores. Había no solo palmeras, sino también árboles frutales como granados, higueras o palmeras datileras. Daban sombra, alimento y hacían que la temperatura fuera más fresca. Algunas plantas también tenían un significado mágico. El **loto**, cuya flor se abre todas las mañanas con los primeros rayos del sol, era un símbolo del renacimiento eterno, día tras día. Además, era el símbolo del Alto Egipto, la zona sur del país. El símbolo del norte era la planta de papiro, tan abundante en las regiones húmedas del Delta del Nilo.

¿Sabes por qué dejamos flores en las tumbas de nuestros seres queridos? Es una tradición que crearon los antiguos egipcios. Para decir ramo de flores, en época faraónica decían ***ankh***, una palabra que también significa «**vida**». Dejar flores en la tumba de una persona es un regalo de vida. Este gesto mágico tan bonito lo seguimos usando nosotros, pero poca gente lo sabe.

¿POR QUÉ NO PODEMOS ENTENDER EGIPTO SIN EL RÍO NILO?

Hay una frase del historiador griego Heródoto que se repite constantemente: «**Egipto es un don del Nilo**» y el tío tenía toda la razón. Heródoto fue una especie de *influencer* de la Antigüedad, aunque con menos bailes. Viajó al Valle del Nilo hace 2.500 años y nos dejó un relato absolutamente genial de lo que vio.

Egipto sin el Nilo no hubiera existido. Como lo oyes. ¿No te has preguntado nunca por qué todas las ciudades y pueblos del mundo están construidos junto a un río? En el caso de Egipto es quizá el ejemplo más claro.

El Nilo nace a miles de kilómetros al sur de Egipto y desemboca en el Mediterráneo. Hasta llegar allí recorre casi 6.700 kilómetros, muchos de los cuales pasan por Egipto.

En la Antigüedad, el Nilo sufría una crecida anual de casi 6 metros en la que inundaba toda la tierra de alrededor. Esto sucedía desde principios de verano hasta casi el mes de octubre. Al retirarse las aguas, estas dejaban un barro de color negro, llamado limo, muy rico, sobre las tierras de cultivo, que permitía que hubiera dos o tres cosechas en un mismo año. Por este barro oscuro los egipcios llamaron a su tierra *Kemet*, la Tierra Negra.

No es extraño que también divinizaran al Nilo. **Lo llamaban Hapy** y lo representaban como un personaje mitad hombre y mitad mujer, de color azul, como las aguas del río. Solía llevar una bandeja con alimentos o regalos producidos en la crecida.

En aquella época y hasta prácticamente el siglo XX, **Egipto dependía de la crecida**. Pero era un regalo envenenado. Si crecía mucho, conllevaba la destrucción de los campos. Y si crecía poco, eso significaba que no habría buenas cosechas, es decir, pasarían hambre.

Por todo eso y más, siempre me gusta merodear los marjales del Nilo. Hay mejor temperatura, caza y... ¡agua!

5

¿CÓMO SE SALVARON LOS TEMPLOS DEL LAGO NASSER?

Qué movida lo del Nilo, ¿no? ¡Imagina que todos los años tu casa se inundara! Algo había que hacer al respecto, aunque la solución para algunas personas fue casi peor: en torno a 1950 se decidió construir **un enorme lago artificial para controlar el río**, pero eso significaba que muchas casas quedarían bajo el agua y todo el mundo tendría que mudarse. ¡Como si de repente toda Barcelona desapareciese!

Pero es que, además, este nuevo lago, llamado lago Nasser, destruía montones de templos. El más conocido de todos era el de Ramsés II y su esposa Nefertari en **Abu Simbel.**

La historia es muy emocionante porque pronto se dieron cuenta de que había que actuar a toda prisa. ¡En pocos meses los templos iban a desaparecer! Entonces sucedió casi un milagro. Todos los países del mundo se pusieron de acuerdo en echar una mano a Egipto para salvarlos. Incluso Estados Unidos y la antigua Unión Soviética, lo que hoy es prácticamente Rusia, que no eran nada amigos..., trabajaron de forma conjunta.

La obra fue, nunca mejor dicho, faraónica. ¿Cómo te imaginas que lo hicieron? Dirás en broma que **levantaron los templos y los trasladaron**, ja, ja, ja. ¡Pero eso fue lo que hicieron!

En el caso del templo de **Abu Simbel** la única solución que había era cortarlo en bloques y construir 60 metros más arriba una montaña artificial en donde reconstruirlo. Así se hizo logrando una **obra de ingeniería extraordinaria.** Como un juego de Lego, pero elevado a la máxima potencia.

EN MADRID CONTAMOS CON EL TEMPLO DE DEBOD, UN REGALO DE LOS EGIPCIOS POR NUESTRA AYUDA EN EL PROYECTO.

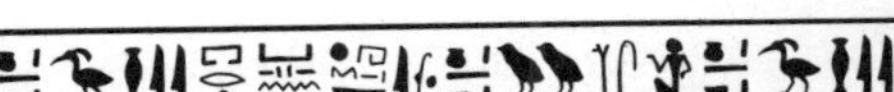

RELIGIÓN

¿HABÍA FANTASMAS EN EL ANTIGUO EGIPTO?

Acaso lo dudabas? ¡Pues claro que sí! Al menos esto es lo que nos cuentan ellos en sus cartas, porque, sí, **¡los antiguos egipcios escribían cartas a los fantasmas!**

Ellos creían que el ser humano estaba compuesto de varias partes. Estaba el cuerpo físico, el pellejo y los músculos, pero también había partes espirituales que no se podían ver ni tocar. Una de ellas era el ***ba*,** muy parecido a nuestra **alma.** Para los antiguos egipcios el *ba* tenía forma de pájaro con cabeza humana y decían que salía de la tumba cuando depositaban allí la momia del difunto para ir a reunirse con los dioses, aunque luego tenía que volver. En algunas pinturas precisamente podemos ver la representación de este espíritu saliendo de la puerta de la sepultura como si fuera una aparición.

También creían que el ser humano contaba con otra entidad espiritual llamada ***ka*,** una especie de **energía** que hace que te puedas mover; vamos, lo que consigues cuando te metes un buen desayuno en el cuerpo antes de ir al cole. Los egipcios representaban este *ka* como si fuera una sombra, una figura negra que aparecía en la puerta de las tumbas.

Como decía antes, también conservamos cartas escritas a los fantasmas de los muertos. Tenemos una escrita sobre un **papiro** de hace 3.000 años en el que un esposo escribe al fantasma de su mujer Ankhiry, fallecida tiempo antes. El esposo, de quien no conservamos el nombre, le pregunta literalmente por qué le está haciendo la vida imposible. Al parecer, el desconsolado viudo no hacía más que tener problemas en su día a día y creía que esos males eran generados por su difunta esposa que quería vengarse de él. No sabemos si el fantasma de la mujer le hizo caso o no... Queremos creer que sí y que la vida del hombre volvió a la normalidad.

Cuando viajes a Egipto, no te asustes, **no son fantasmas malos**. Si ves el *ba* o el *ka* del dueño de la tumba salúdalo siempre con respeto.

¿POR QUÉ LOS DIOSES TIENEN CABEZA DE ANIMAL?

Habría que decir **no solo cabeza, sino también el cuerpo entero.** Ya hemos visto antes en los primeros capítulos de este viaje por los secretos de la época faraónica que en aquel momento los antiguos egipcios tenían un contacto con la naturaleza mayor del que podamos tener hoy. Cuando sales a la calle lo primero que ves son casas como la tuya, coches, autobuses, asfalto, quizá algún parque... Pero en Egipto, hace miles de años, cuando una persona salía de su casa lo primero que veía era el río, el desierto, animales correteando de aquí para allá...

Esto les permitió tener un conocimiento más próximo de su significado y, sobre todo, encontrar respuesta a algunas preguntas que les generaban curiosidad como qué había detrás de algunos **fenómenos naturales como el día, la noche, las crecidas del Nilo**, etc.

Los egipcios enterraban a sus muertos en los cementerios. Por eso no tardaron en observar que pronto aparecían por allí **chacales** o perros salvajes. Realmente iban a devorar los restos de los cadáveres, pero los egipcios entendieron que eran merodeadores de los cementerios y que los protegían. Por eso el dios Anubis, dios de los cementerios y los muertos, tiene cabeza de chacal.

También observaron cómo los **babuinos** con los primeros rayos del sol al amanecer se plantaban delante del Astro Rey y levantaban las manos. Ellos lo interpretaron como un saludo de respeto al sol. En realidad, estaban secándose el pelo que con el rocío de la noche se había mojado.

Los egipcios creían que el sol era arrastrado por el cielo por un escarabajo gigante. Ellos lo comparaban con el gesto que tenía el **escarabajo pelotero** que introduce los huevos en una bola de estiércol y lo arrastra. Así observaron cómo de esa bola de, literalmente, caca, salían decenas de pequeños escarabajos, esto es, la misma vida que surgía del movimiento del sol por el firmamento.

¿CONSERVAMOS LA TUMBA DE UN DIOS?

Cuando se morían, los faraones se enterraban en enormes pirámides, porque, claro, era lo suyo para reyes divinos como ellos. ¿Te imaginas cómo podría ser entonces **la tumba de un dios**? Pues no hace falta irse muy lejos.

Hasta nosotros han llegado varios lugares que sabemos que en la época de los faraones eran lugares de peregrinaje, esto es, lugares considerados sagrados adonde iba la gente de romería o para celebrar algo. Uno de estos lugares es el Serapeum de Sakkara. Allí fueron enterrados los toros sagrados vinculados a Apis, un dios que acabó confundiéndose con Osiris. Era una divinidad protectora que te acompañaba en el viaje hacia el mundo de los muertos. Los antiguos egipcios creían que cuando **un toro Apis moría**, su alma pasaba a un nuevo ternero, se reencarnaba, y así seguía viviendo entre los humanos.

El descubrimiento del Serapeum fue completamente casual. Algunos autores griegos que pudieron visitar Sakkara hace más de 2.000 años hablan de él, luego allí tenía que estar. Pero ¿dónde?

Quien lo encontró fue un francés llamado **Auguste Mariette** en el año 1851 cuando vio en los jardines de personas ricas de El Cairo unas esfinges de piedra. Los propietarios decían que venían de un lugar determinado de Sakkara. El arqueólogo francés se acordó de la descripción del Serapeum que hacía el griego Estrabón en la que hablaba de una avenida de esfinges y fue allí y lo encontró. Pero el Serapeum superó todo lo que había imaginado.

Lo que Mariette no esperaba es que **este enterramiento estuviera formado por enormes y oscuras galerías subterráneas.** A ambos lados de los pasillos se abría una cámara en cuyo interior había gigantescos sarcófagos de piedra. Y no uno ni dos, ¡sino hasta veinticuatro! Cada uno de ellos pesaba unas 60 toneladas. ¿Te lo imaginas? Hazte una idea y piensa en 60.000 cajas de tus galletas preferidas. O más de 40 coches. ¡Una pasada!

¿POR QUÉ ADORABAN AL SOL?

No sé a ti, pero a mí me encanta el **sol.** Despanzurrarme en la terraza en verano y estirar las patitas... ¡Y encima estar calentita! A los antiguos egipcios también les gustaba mucho, bastante más que a mí. Tanto tanto que, de hecho, hasta lo adoraban como a un dios. Alucinante, ¿no?

La **divinidad más importante en el antiguo Egipto era el dios sol Ra**. Y tiene su lógica. En un mundo en el que no había internet, ni teléfonos ni relojes, el sol era el principal marcador de tiempo. Gracias a él, con solo mirar al cielo sabías la hora que era, conocías cuánto quedaba para que anocheciera y el tiempo que tenías para regresar a casa y no quedarte a oscuras en la calle. El **sol** era quien, con su luz y calor, hacía que las plantas crecieran. También era y es un **calendario**, de ahí que lo observaran como si fuera una divinidad. Pero es que, además, siempre hacía lo mismo, pasaran los años que pasasen: el sol siempre salía por la mañana y se acostaba por la noche, sin envejecer ni morir. Y claro, su calor mantenía calentita a la gente y ayudaba a que las cosechas crecieran. ¿Cómo no les iba a parecer un dios?

Ra era representado como un **disco de color rojo con alas.** Para los antiguos egipcios la única forma que tenían de entender que un disco se moviera por el cielo, era con las alas de un pájaro, de ahí que también identificaran a Ra con un halcón. A veces es un poco lioso porque a Ra lo podemos ver con cabeza de halcón, con cabeza de carnero, o con cabeza de escarabajo.

LOS ANTIGUOS EGIPCIOS ENTENDÍAN QUE HABÍA TRES TIPOS DE SOL: UNO EN EL AMANECER, UNO AL MEDIODÍA Y UNO A ÚLTIMA HORA DE LA TARDE, EN EL ATARDECER. CADA UNO TIENE UN SÍMBOLO O UN ANIMAL. EL SOL DE LA MAÑANA ES UN ESCARABAJO, EL DEL MEDIODÍA ES UN CÍRCULO ENORME EN EL CIELO, Y EL DEL ATARDECER ES UN CARNERO.

¿CUÁNTOS DIOSES HABÍA EN EL ANTIGUO EGIPTO?

Cuando te hablan de Dios, con D mayúscula, seguro que piensas en el Dios de nuestras iglesias, aunque en el islam o en el judaísmo también hay un solo dios. Es cómodo, ¿no? Menos cosas de las que acordarte. Pues los egipcios decidieron pasarse la religión en modo pesadilla.

En el antiguo Egipto perfectamente podríamos estar hablando de casi 3.000. Sí, has leído bien, **3.000 dioses que desempeñaban un papel importante** en las ceremonias y las creencias en la época faraónica. Imagínate qué lío. Empieza a contar 1, 2, 3, 4, 5... y así hasta 3.000. ¿Serías capaz de acordarte del nombre de todos ellos? Yo, desde luego, no.

Realmente los antiguos egipcios tampoco sabían los nombres de todos ellos. Ni siquiera estoy segura de que los conocieran todos. Había una serie de **dioses principales** que eran los que estaban en boca de todos como Ra, el sol, Osiris, dios de la muerte, su esposa Isis, Anubis, dios de los muertos, Nut, la diosa del cielo, la vaca Hathor, diosa de la alegría, Thot, el dios con cabeza de pájaro ibis que estaba relacionado con las ciencias y las letras, Ptah, un dios de la ciudad de Menfis que era dios de los artesanos o su esposa la leona Sekhmet, diosa de la guerra y de la medicina. Incluso mi nombre, Bastet, es el de una diosa, muy parecida a Sekhmet.

LOS TEXTOS FUNERARIOS NOS DESCRIBEN LA AMDUAT, EL MÁS ALLÁ, Y LOS CIENTOS DE DIOSES QUE DEAMBULAN DE AQUÍ PARA ALLÁ, HABITAN LAGOS DE FUEGO O CUIDAN PUERTAS COMO SI FUERAN LOS «SEGURATAS» DEL MÁS ALLÁ. SOLO TE ABREN LA PUERTA SI SABES SU NOMBRE, POR ESO ERA NECESARIO CONOCERLOS TODOS. AH, PERO AHÍ ESTÁ EL TRUCO. PODÍAS LLEVARLOS TODOS ESCRITOS EN UNA CHULETA, EL *LIBRO DE LOS MUERTOS*, PARA DAR SU NOMBRE Y QUE TE ABRIERAN LA PUERTA PARA SEGUIR TU CAMINO.

¿CÓMO ERAN EL CIELO Y EL INFIERNO DE LOS EGIPCIOS?

Todos los seres humanos desde el inicio de los tiempos, incluso en la prehistoria, hace casi 10.000 años, cuando aún no había escritura, hemos soñado con la existencia de **un mundo más allá de la muerte.** Es algo natural: hay muchas cosas que nos unen, y una de ellas es la esperanza en un cielo, un paraíso o el miedo a un infierno.

En el antiguo Egipto, cuando morías, Anubis te llevaba a un juicio presidido por Osiris. El dios con cabeza de chacal colocaba **tu corazón en una balanza** y así sabían si habías sido bueno o malo. Si habías cometido pecados, tu corazón pesaría más que la pluma de Maat, la diosa de la justicia. Si eras bueno, los dos platillos de la balanza estarían equilibrados. De esta forma serías merecedor de una vida eterna. Algunos textos como el ***Libro de los Muertos*** nos lo cuentan así, como la llegada a un lugar en el que hay de todo, los campos de cultivo tienen trigales que te sobrepasan la cabeza, hay muchos canales con agua, animales, árboles frutales, etc. ¡Un jardín eterno!

Ay, pero ¿qué te sucede si habías sido malo? ¡Lo peor! Si tu corazón estaba cargado de pecados, un monstruo terrible te devoraba. Se llamaba Ammit y era una mezcla de cocodrilo, león, pantera e hipopótamo. Lo más terrible del mundo. ¡Nadie quiere esto! ¿A que no? Los antiguos egipcios temían más que a nada a lo que llamaban «**segunda muerte**», es decir, no acceder a ese paraíso eterno y que tu alma se destruyera y acabara en el caos, en el no ser, la desaparición absoluta.

Si lo piensas bien, son los mismos sueños que tenemos en la actualidad. Da igual cuál sea tu religión o si la tienes o no. Es natural pensar en el futuro y en lo bueno que nos puede esperar después de la muerte. Para los antiguos egipcios era muy importante y por eso nos lo explicaron con todo lujo de detalles en sus **papiros.**

¿QUIÉNES FUERON ISIS Y OSIRIS?

Seguro que, si has visto frescos egipcios, te ha llamado la atención **un señor sentado**, vestido de blanco y con la piel verde. Ese tío tan raro no es ni más ni menos que Osiris, el rey de los muertos, y el mito de su matrimonio con la diosa Isis y su muerte es uno de los más antiguos de la humanidad.

El mito está basado en algo muy humano que todos hemos sentido en alguna ocasión, el amor y el odio. Dice la leyenda que **Osiris era un rey bondadoso y justo.** El pueblo egipcio lo amaba por todo lo que les había dado. Osiris estaba casado con Isis y vivían felices rodeados de la gente que los quería.

Sin embargo, Osiris tenía un hermano que le tenía envidia, **Seth.** Este quería hacerse con el trono de Egipto y se moría de celos cada vez que lo veía recibiendo todo tipo de halagos por parte de su pueblo.

Para acabar con él, Seth preparó una fiesta a la que invitó a su hermano. Después de cantar y bailar, Seth anunció que tenía un regalo muy especial. Se trataba de un sarcófago de piedra hermosísimo. Todos los invitados querían hacerse con tan preciada joya. ¿Quién se quedaría con el sarcófago? Aquel que cupiera exactamente en su interior. Los invitados fueron pasando uno tras otro por él. A unos les quedaba corto y a otros largo. Hasta que llegó el turno de Osiris. Este no sabía que Seth le había preparado una trampa ya que el sarcófago tenía sus medidas exactas. Así pues, cuando el rey se colocó en su interior todos vieron que cabía perfectamente, momento que aprovecharon los seguidores de Seth para colocar la tapa y cerrar el sarcófago. Luego los traidores arrojaron el sarcófago al Nilo. Así el trono sería para Seth.

Pero con lo que no contaba Seth es que **Isis,** esposa de Osiris, era una poderosísima maga. Desconsolada por la muerte de su marido, buscó y encontró el sarcófago. Ayudándose de sus poderes consiguió devolver la vida a Osiris.

De esa forma **Osiris siguió reinando** y se convirtió en el dios de la muerte porque gracias a la magia de Isis había conseguido vencerla.

Y AHORA TE PREGUNTARÁS: ¿Y POR QUÉ LO REPRESENTAN VERDE O NEGRO? OSIRIS SIEMPRE APARECE COMO UNA MOMIA. SU ROSTRO PUEDE SER VERDE QUE LE IDENTIFICA CON LA PRIMAVERA, CON EL FLORECER DE LA NATURALEZA, SÍMBOLO DE VIDA. TAMBIÉN PUEDE SER DE COLOR NEGRO, RELACIONÁNDOLE CON EL BARRO NEGRO QUE DEJABAN LAS AGUAS DEL NILO DESPUÉS DE SU CRECIDA ANUAL Y QUE SERVÍA DE ALIMENTO PARA LOS CAMPOS DE CULTIVO. EN AMBOS CASOS, ERA UN SÍMBOLO DE LA VIDA TRAS LA MUERTE. LO SUYO PARA EL REY DE LOS MUERTOS.

¿QUÉ ES EL *LIBRO DE LOS MUERTOS*?

Según los egipcios, cuando te morías no dejabas de existir y ya está, sino que **te ibas al Más Allá a vivir con Osiris.** Pero no te creas que era un camino fácil: necesitabas una guía para llegar hasta allí, que conocemos a través de montones de textos funerarios.

De entre todos esos documentos existe uno, muy famoso, que es el llamado ***Libro de los Muertos.*** En realidad, no es un libro. No lo puedes abrir ni tiene páginas. Es un rollo de papiro con casi doscientas fórmulas mágicas en donde el dueño o la dueña de la tumba tienen todas las instrucciones para poder pasar las pruebas que se va encontrando en ese viaje por el mundo de la muerte.

Para que lo entiendas mejor, no estoy muy desencaminada si comparo el *Libro de los Muertos* con un videojuego en donde tienes que ir superando **pruebas** y para conseguirlo cuentas con algunas herramientas o ventajas con las que vas pasando de un nivel a otro. Es exactamente lo mismo, pero los antiguos egipcios lo inventaron hace casi 3.500 años sin necesidad de una consola.

Lo que nos cuenta el *Libro de los Muertos* es la descripción de los lugares por donde ha de pasar el **difunto.** En ese camino se encuentran peligrosos lagos de fuego, ríos, valles, o puertas custodiadas por dioses que solamente te dejarán pasar si conoces su nombre, es decir, si sabes la «contraseña» para poder seguir.

De entre todos los capítulos hay uno muy famoso que llamamos el juicio del alma. En este capítulo, que es el 125 del *Libro de los Muertos*, el difunto llega ante **el tribunal del dios Osiris**, dios de la muerte. Allí se juzga su corazón pesándolo en una balanza que cuenta con dos platillos. En uno de ellos está el corazón del difunto y en el otro la pluma de la diosa Maat, la diosa de la verdad y la justicia. Si los dos platos están equilibrados significa que el difunto ha sido justo. De lo contrario, si el corazón pesa más que la pluma, eso significa que está cargado de pecados y de malas acciones y que no merece continuar el camino. Llegado a este punto, el que no merece seguir **es devorado por un terrible monstruo.** Pero si has sido justo en tu vida puedes seguir el viaje hacia el reino de Osiris.

¿Y tú? ¿Te atreverías a enfrentarte al juicio de Osiris?

¿ES CIERTO QUE LA MAGIA NACIÓ EN EGIPTO?

La próxima vez que vayas a un espectáculo de magia, en donde veas a un mago haciendo desaparecer cosas, cortando a una mujer en varias partes y volviéndolas a pegar... piensa que **todo eso se originó en el antiguo Egipto**. No estoy exagerando. Contamos con varios textos o con pinturas de tumbas que nos hablan de ello. ¡Atento!

Existe un papiro que hoy se conserva en Berlín y que conocemos como Papiro Westcar. En él se nos cuentan varias historias relacionadas con la magia, pero hay una que llama especialmente nuestro interés. El **faraón Keops**, constructor de la pirámide más grande de Egipto, le pregunta a su hijo el príncipe Hordjedef si conoce alguna persona que sepa el número secreto de habitaciones que tenía el templo de Thot, dios de la sabiduría. En realidad, no sabemos a qué se está refiriendo con esto, es uno de esos misterios del antiguo Egipto que hoy no tienen solución, pero al parecer Keops quería hacer una copia en el interior de su pirámide de este santuario del dios.

Hordjedef le dice a su padre, el faraón, que conoce a una persona, **un mago llamado Djedi** (¡¡¡No, no tiene nada que ver con Star Wars!!!), que es sabedor de ese secreto. Djedi es un personaje curioso del que cuentan que tiene 110 años, que come decenas de panes al día y un montón de jarras de cerveza. Pero lo más sorprendente de todo es lo que este mago era capaz de hacer. El relato del papiro nos cuenta que cortó la cabeza de una oca, la colocó en una esquina del salón del palacio de Keops, y el cuerpo en la contraria, y después de leer sus conjuros, al juntar la cabeza y el cuerpo, la oca volvió a la vida. Un crack, este Djedi. **Hoy los magos en los teatros** siguen haciendo los mismos trucos que hacía él hace casi 5.000 años.

EN UNA TUMBA PODEMOS VER TAMBIÉN A DOS HOMBRES JUGANDO CON UNOS VASOS. ES POSIBLE QUE ESTÉN HACIENDO EL TRUCO DE LOS TRILEROS, ESTO ES, COLOCAR UNA BOLITA DEBAJO DE UNO DE LOS VASOS Y HACER QUE VIAJE MÁGICAMENTE DE UNO A OTRO. SEGURO QUE ESTE JUEGO LO HAS VISTO HACER MONTONES DE VECES. CUANDO LO VUELVAS A VER EN LA TELE O EN UN TEATRO, ACUÉRDATE DE QUE SE HACÍA YA EN EL ANTIGUO EGIPTO.

¿LAS VACAS PUEDEN SER DIOSAS?

Te has acercado alguna vez a **una vaca**? Yo no, porque son enormes y, aunque parecen tranquilas, ¡pueden dar mucho miedo! Pero seguro que nunca se te habría ocurrido que alguien pudiera considerar una diosa a una vaca. ¡Pues los egipcios sí!

Hathor es una diosa muy curiosa, porque no tiene cabeza de vaca tal cual, como hemos comentado antes, sino solo ¡las orejitas! ¿Y por qué una vaca?, te preguntarás.

En el inicio de la historia de Egipto, cuando ni siquiera los seres humanos vivían en pueblos o ciudades, las familias iban de aquí para allá buscando lugares en donde poder asentarse durante unos meses, recolectar alimentos de los árboles, aprovechar el buen tiempo, la caza, la pesca y, pasado un tiempo, se mudaban de lugar hacia uno mejor. En esta época, estamos hablando de hace unos 6.000 o 7.000 años, **los grupos humanos** se llevaban consigo todas sus pertenencias y entre ellas estaba el **ganado.**

Los antiguos egipcios observaron que las vacas tenían una serie de capacidades muy importantes para vivir. ¿A qué me refiero? Muy sencillo: a tener, **leche, carne y que diera a luz terneros** para poder mantener el alimento de la comunidad.

No es extraño pensar que ellos vieron en las vacas a **una divinidad femenina**, relacionada con la madre tierra, el ganado, la abundancia y la protección de los recién nacidos. ¡Nunca te acerques a una vaca que está cuidando a un ternero porque te puede dar una cornada de cuidado!

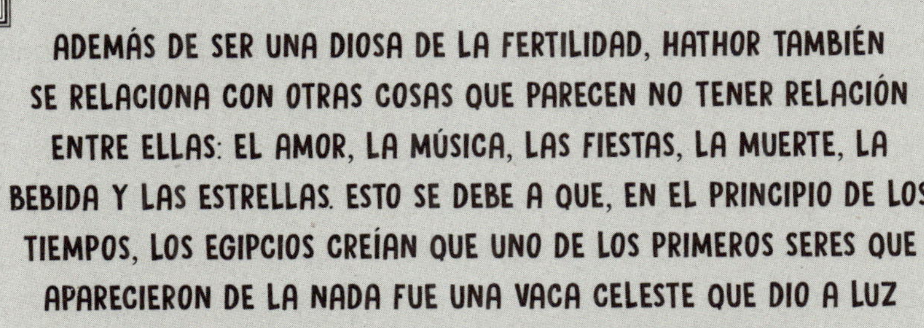

ADEMÁS DE SER UNA DIOSA DE LA FERTILIDAD, HATHOR TAMBIÉN SE RELACIONA CON OTRAS COSAS QUE PARECEN NO TENER RELACIÓN ENTRE ELLAS: EL AMOR, LA MÚSICA, LAS FIESTAS, LA MUERTE, LA BEBIDA Y LAS ESTRELLAS. ESTO SE DEBE A QUE, EN EL PRINCIPIO DE LOS TIEMPOS, LOS EGIPCIOS CREÍAN QUE UNO DE LOS PRIMEROS SERES QUE APARECIERON DE LA NADA FUE UNA VACA CELESTE QUE DIO A LUZ AL SOL Y QUE PASEABA POR EL CIELO Y LAS ESTRELLAS.

16

¿POR QUÉ TEMÍAN LOS EGIPCIOS A LA DIOSA SEKHMET?

Los **leones** son impresionantes, ¿verdad? Por algo los llaman los reyes de la sabana. Son fuertes, poderosos, dominantes... Todo lo que un rey egipcio querría ser. Así que durante mucho tiempo fueron símbolos de los faraones egipcios.

No es extraño entonces que la diosa de la guerra fuera una leona. Su nombre era **Sekhmet** y literalmente significa «**la poderosa**». Pero fíjate en un detalle muy curioso. Las imágenes que han llegado hasta nosotros de la diosa Sekhmet son ambiguas, esto es, pueden tener varios significados. En ellas vemos el cuerpo de una mujer, pero con la cabeza de un león con melena, no una leona. Ya sabes que los leones tienen una frondosa melena y las leonas no. Sin embargo, los egipcios jugaban con los dos sexos. Esto es algo que nos puede chocar hoy, pero en aquella época era muy natural. Algunos dioses eran al mismo tiempo hombre y mujer. Como el dios Happy, que representa la crecida del Nilo, por ejemplo.

La leyenda dice que **Sekhmet era la diosa de la guerra**. Era una mujer fiera, con mucho carácter que cuando estaba calmada era como yo de dócil. En cierta ocasión, cuando el dios creador Atum se enfadó con la humanidad mandó a la leona para destruirla. Luego se arrepintió y engañó a la diosa emborrachándola con cerveza que antes había teñido de color rojo. De esta forma, creyendo que era sangre de los humanos, Sekhmet la bebió y se quedó dormida, dejando huir a los hombres y a las mujeres.

Pero **Sekhmet también era diosa de la medicina**, seguramente inspirada en los heridos a los que protegía en el campo de batalla. Había un grupo de sacerdotes de esta divinidad que eran médicos y atendían a los enfermos en el templo.

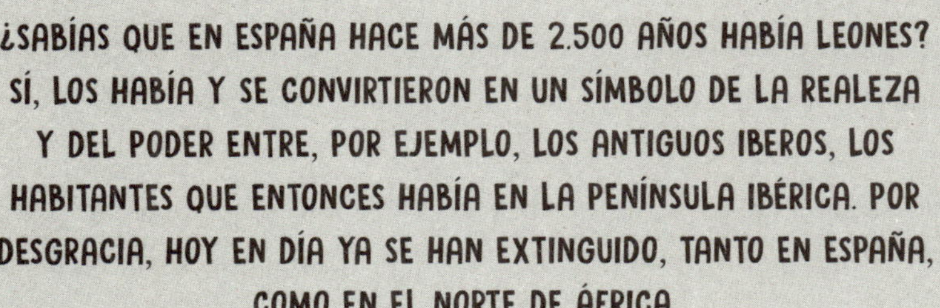

¿SABÍAS QUE EN ESPAÑA HACE MÁS DE 2.500 AÑOS HABÍA LEONES? SÍ, LOS HABÍA Y SE CONVIRTIERON EN UN SÍMBOLO DE LA REALEZA Y DEL PODER ENTRE, POR EJEMPLO, LOS ANTIGUOS IBEROS, LOS HABITANTES QUE ENTONCES HABÍA EN LA PENÍNSULA IBÉRICA. POR DESGRACIA, HOY EN DÍA YA SE HAN EXTINGUIDO, TANTO EN ESPAÑA, COMO EN EL NORTE DE ÁFRICA.

17

¿QUÉ REPRESENTA LA ESFINGE?

La Esfinge de la meseta de Gizeh, levantada junto a las pirámides de Keops, Kefrén y Micerinos, fue durante muchos siglos **la estatua más grande del mundo.** Piensa que mide unos 70 metros de largo, bastante más que la mitad de un campo de fútbol, y su altura es de 20 metros, ¡casi como un edificio de 6 pisos!

No sabemos a quién representa. Siempre habíamos pensado que al faraón Kefrén, ya que se encuentra junto a la calzada que lleva a su pirámide. Sin embargo, hoy pensamos que podría ser Keops, el de la Gran Pirámide.

Lo que sí tenemos claro es que la Esfinge **representa a un león** que mira al sol naciente que todas las mañanas sale por el este. ¿Esto qué nos quiere decir? Muy sencillo: es una representación del dios sol.

Hoy la vemos como si fuera una escultura de piedra sin más, pero ¿sabías que originalmente estaba **pintada de vivos colores**? Cuesta creerlo, pero, si te fijas, aún puedes ver restos del color rojizo que cubría su rostro. ¡Debía de ser espectacular!

No hay ninguna esfinge tan grande como la de Gizeh, pero sí han llegado hasta nosotros otras de tamaño mucho más pequeño. Tenemos algunos ejemplos en forma de amuletos, es decir, **figuritas pequeñas de apenas unos centímetros** que podían llevarse colgadas al cuello y que los antiguos egipcios creían que los protegían de fuerzas maléficas. Además, normalmente los templos contaban con una avenida de esfinges delante de la puerta principal, todas pintadas de vivos colores y con el rostro del faraón de turno.

LA ESFINGE DE GIZEH HA CAUTIVADO A VIAJEROS Y AVENTUREROS QUE SE ACERCABAN A EGIPTO DESDE HACE SIGLOS. INCLUSO NAPOLEÓN BONAPARTE, UN IMPORTANTE GENERAL FRANCÉS QUE LLEGÓ A SER EMPERADOR, QUEDÓ FASCINADO POR ELLA CUANDO LA VIO EN 1798. ¿TE HAS FIJADO EN QUE LE FALTA LA NARIZ? MUCHA GENTE CREE QUE FUE CULPA DE NAPOLEÓN, PERO SABEMOS QUE YA SE LE HABÍA CAÍDO ¡AL MENOS EN EL SIGLO XV!

¿CONOCES EL PRIMER RELATO DE LA HISTORIA, *EL CUENTO DEL NÁUFRAGO*?

Hoy para nosotros es algo normal encontrar cuentos e historias en libros y cómics. Sin embargo, hace casi 5.000 años esto no era lo habitual. La escritura se empleaba sobre todo para escribir ofrendas, textos funerarios, oraciones para los dioses o listas de cosas. Pero los antiguos egipcios fueron más allá e **inventaron la literatura**, es decir, contar cosas que solamente estaban en su imaginación.

Así nace el *Cuento del náufrago*. La versión más antigua de este texto es del año 2200 a. C. Imagínate si ha llovido desde entonces. ¡Más viejo que la orilla del Nilo!

En este cuento, **un grupo de marineros** viajaban en barco hacia la tierra de Punt, un lugar misterioso que estaba al sur de Egipto. Después de una terrible tormenta, el barco se hundió y solo se salvó uno de los tripulantes, aferrándose al mástil de la embarcación.

Las olas lo llevaron a una **isla riquísima**, llena de comida, piedras preciosas y todo lo que te puedas imaginar. El marinero, claro, estaba muy feliz, pero de repente apareció ¡una serpiente gigante hecha de oro y lapislázuli! El pobre hombre debió de pensar que se había vuelto loco. Pero la serpiente le dijo que no temiera, que ella era un dios bueno y lo ayudaría a regresar a casa. Le anunció que en poco tiempo llegaría un barco para llevarlo de vuelta a la tierra de Kemet, Egipto. La serpiente le hizo entrega de ricos presentes para llevar al faraón. Cuando el hombre arribó al barco, la isla se hundió en el mar y desapareció.

¿Qué te parece? ¿Entiendes la historia? Te voy a dar un par de pistas: por varios comentarios que hacen los protagonistas, **la serpiente es en realidad el dios sol Ra** y la isla es la tierra de Punt. Este ejemplo de ficción nos hace ver que hace casi 5.000 años los antiguos egipcios se entretenían como nosotros escribiendo, leyendo y compartiendo historias igual que hacemos nosotros en la actualidad. ¡No hemos cambiado nada!

¿CONOCES AL DIOS COCODRILO SOBEK?

Imagínate que sales de casa y te encuentras frente a la puerta un **enorme cocodrilo** de 8 metros de longitud. ¡¡¡Más largo que dos coches uno detrás del otro!!! Menudo susto, ¿a que sí? Pues esta escena debía de ser lo cotidiano para los habitantes del antiguo Egipto.

En un país en el que el Nilo es tan importante y está tan presente en la vida de todos, muchos de sus animales fueron divinizados. El cocodrilo era el dios Sobek y contaba con un enorme templo en una ciudad llamada Cocodrilópolis, la ciudad del dios cocodrilo, que se encuentra muy cerca del lago Fayum. Allí hoy podemos ver la pirámide del faraón Amenemhat y junto a ella un misterioso edificio de aspecto laberíntico del que se han podido recuperar **varias estatuas del dios Sobek.**

Podrías pensar que el cocodrilo era un dios al que habría que temer, pero realmente no era así. Los antiguos egipcios veían en él al creador del Nilo y era un símbolo de fuerza, poder, fecundidad y, en definitiva, todo lo relacionado con la vida. Como señor de las aguas, Sobek surgió en el momento de **la creación del universo**, apareciendo de las aguas del caos, de la no existencia, como una divinidad muy importante.

No obstante, Sobek, como sucede con muchos dioses, también tiene su lado más maléfico y está relacionado con el dios Seth, divinidad del mal, el malvado hermano de Osiris. Esta es la razón por la que Seth en muchas ocasiones es representado **como un cocodrilo**. Con este mismo aspecto lo podemos ver haciendo de las suyas en el mundo del Más Allá, intentando poner la zancadilla al dios sol, Ra, en su viaje por las doce horas de la noche.

Con el paso del tiempo, Sobek fue asimilado a otras divinidades del panteón egipcio y lo podemos encontrar como **esposo de la diosa vaca Hathor** o como dios solar, Sobek-Ra. Como sucedía con la diosa Sekhmet, los sacerdotes de Sobek estaban dedicados a la medicina. En el templo de Kom Ombo recibían a peregrinos que necesitaban ayuda para ser curados de cualquier enfermedad. Sabemos que los enfermos hacían cola pacientemente y esperaban a ser atendidos por los sacerdotes médicos del dios cocodrilo.

Si tienes la oportunidad de visitar Egipto, seguro que pasas por la ciudad de **Kom Ombo**. Allí podrás ver un templo de Sobek y un extraordinario museo lleno de momias de cocodrilos sagrados. ¡Son enormes! ¡Cada una de ellas mide más de 6 metros!

ARQUEOLOGÍA

20

¿CUÁNTAS COSAS EGIPCIAS HAY A TU ALREDEDOR?

Los antiguos egipcios fueron pioneros en muchas cosas. No olvides que su **civilización duró más de 3.000 años**, tiempo suficiente para que se les ocurrieran montones de cosas que aún hoy, son normales. Si miras a tu alrededor, te aseguro que verás muchísimos objetos que ya existían entonces.

Por ejemplo, ¿sabes que los antiguos egipcios inventaron los primeros váteres? Sí, como lo oyes. Hasta nosotros han llegado «**tronos**» que realmente eran para sentarse y hacer otras cosas: pis y caca. Debajo del agujero que había en el centro de ese trono de madera había un recipiente que se sacaba y se vaciaba (¡espero!) en el campo.

Eran muy limpios. Ellos fueron los primeros en **inventar la ducha**. En el palacio de Ramsés III conservamos una habitación dedicada al baño, con las paredes cubiertas de aislante para que el agua no dañara el barro del que estaban hechos los muros.

Además, ¿sabías que la **cerveza** se inventó en el antiguo Egipto? Y es una bebida que seguimos fabricando y consumiendo en la actualidad. Pero la cerveza de los egipcios era más espesa, como una pasta. Lógicamente no se tomaba fría porque no había frigoríficos y, aunque tuviera alcohol, era considerada un alimento básico. Imagínate un *smoothie* muy denso de cerveza.

Asimismo, juegos de mesa como las damas o la oca tienen su origen en la época de los faraones. En otro capítulo hablaremos de los **juegos**, en especial el *senet*, pero el juego de la serpiente es un antecedente del juego de la oca. A los egipcios les gustaba mucho el deporte y hacían competiciones de carreras, lucha libre, muy parecida al judo, e incluso juegos con raquetas y pelotas.

Otra cosa que seguimos haciendo ahora es dibujar las viñetas de los **cómics**, contar en una tira diferentes escenas protagonizadas por el mismo personaje. Esto ya lo hacían los antiguos egipcios en sus **papiros**. ¡No hemos cambiado nada!

21

¿QUÉ ES LA PIEDRA DE ROSETTA?

Si no fuera por la **piedra de Rosetta** hoy seguramente no sabríamos casi nada de la historia del antiguo Egipto. Imagínate que descubres una cultura increíble con monumentos repletos de textos grabados en las paredes, pero... no sabes leerlos. No entenderías nada, ¿verdad? Pues la piedra de Rosetta nos ayudó a leer los jeroglíficos.

La piedra está hecha de granito y es parte de una antigua estela del faraón **Ptolomeo V,** fechada en el 196 a. C. Una estela es una losa de piedra en la que se graba un texto con o sin imágenes. Pero la piedra de Rosetta no es una estela normal. En ella hay un texto escrito en tres escrituras diferentes. Vemos un edicto de Ptolomeo V en jeroglífico, en demótico (una variante del jeroglífico) y también en griego. Cuando la estela se descubrió en la ciudad costera de Rosetta, al norte de Egipto, en 1799, pronto los sabios de entonces se dieron cuenta de que se trataba de **un valioso hallazgo** ya que en ella podía estar la solución a un gran misterio: el desciframiento de los jeroglíficos. ¡Y así fue! Pero esa historia te la contaré un poco más adelante.

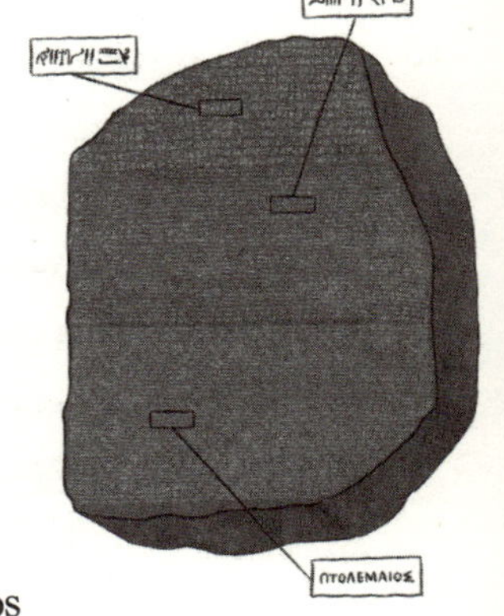

Existe otra estela llamada el **Decreto de Canopo** en donde volvemos a encontrar un texto escrito en jeroglíficos y en griego. Al saber griego puedes buscar palabras en el egipcio que sean iguales.

HOY LA PIEDRA DE ROSETTA LA PUEDES VER EN EL MUSEO BRITÁNICO DE LONDRES Y ES UNA DE SUS GRANDES ATRACCIONES. SU IMPORTANCIA ES TAL QUE CUANDO ALGUIEN QUIERE RESOLVER UN MISTERIO DEL TEMA QUE SEA, SIEMPRE SE ALUDE A «ENCONTRAR UNA PIEDRA DE ROSETTA».

22

¿CÓMO SE CONSTRUYERON LAS PIRÁMIDES?

Decir misterio en Egipto es hablar del modo en que se construyeron las pirámides. ¿Te puedes creer que casi 5.000 años después aún no lo sabemos con certeza? Tenemos algunas pistas, pero no conseguimos dar con la clave final.

Siempre que hablamos de su construcción pensamos en la **Gran Pirámide de Keops**, con 147 metros de altura y 230 metros de lado. ¡¡¡Imagínate un edificio de 50 pisos y de una anchura como dos campos de fútbol!!! En el caso de esta pirámide se calcula que usaron 2 millones de bloques y tardó en construirse unos 30 años.

¡Vamos al tajo! Nunca mejor dicho.

El griego Heródoto, en el siglo V antes de nuestra era, dijo que los egipcios construyeron las pirámides empleando rampas y máquinas para subir los bloques de un piso a otro. Y han aparecido rampas en la meseta de Gizeh, junto a las pirámides, aunque no máquinas. Los propios egipcios nos hablan en papiros con **problemas matemáticos** cómo debía ser una rampa en longitud y altura para trasladar un bloque de un peso determinado. Además, contamos con algunas representaciones en pinturas de tumbas del empleo de rampas para mover bloques o de trineos tirados por animales para llevar esos mismos bloques desde la cantera hasta su destino.

El misterio es más complejo porque, aunque contamos con esas evidencias, los restos de **rampas, trineos, herramientas**, etc., luego no sabemos cómo podían usarlas. La teoría más moderna es la llamada teoría de la rampa interna. En ella se nos habla de una rampa que recorre el interior de la pirámide en forma de espiral, como las escaleras de una casa que ascienden a medida que avanzamos en altura. De esta manera se emplearía la propia pirámide para ir ascendiendo en vez de construir una enorme rampa exterior que luego habría que desmontar.

¿Tú cómo crees que se construyeron?

¿PARA QUÉ SERVÍA UNA PIRÁMIDE?

Parece una pregunta fácil, ¿verdad? Incluso una gata como yo sabe que una **pirámide** es la tumba de un faraón. ¡Pero ojo, hay trampa! Porque no es solo eso, sino que tiene mucho, muchísimo más.

Principalmente, por supuesto, es la **tumba de un rey**, aunque hay gente que dice que no porque nunca han aparecido momias en su interior. Pero esto no es verdad. Se han descubierto numerosas pirámides en donde había restos de reyes, reinas e incluso de miembros de su familia que fueron enterrados después.

Pero como te decía antes, la pirámide es mucho más que la simple pirámide. Todas ellas cuentan con un **templo funerario** dedicado al faraón y ahí trabajaban sacerdotes que se encargaban de mantenerlo después del enterramiento del soberano.

¡Pero aún hay más! Del templo funerario parte una calzada de piedra, una especie de pasillo cubierto gigantesco que lleva hasta el embarcadero que había en un extremo de la pirámide. Por esta calzada se transportaban objetos y alimentos que necesitaría el faraón en la vida en el Más Allá.

La última parte de la pirámide es el llamado templo del valle, un edificio construido junto al **embarcadero** en donde amarraban los barcos que iban en procesión para homenajear al faraón.

Todo el recinto solía estar rodeado por un muro y todo lo que hubiera dentro de ese muro pertenecía al complejo de la pirámide. Si echas un vistazo a las pirámides de **Gizeh** en Google Earth podrás ver fácilmente este muro que rodeaba al conjunto, así como los restos de sus templos o incluso la calzada que había en cada una de las pirámides.

¿QUIÉN LEVANTÓ LA GRAN PIRÁMIDE?

Uno de los mayores misterios de la Gran Pirámide de Keops es la identidad de su constructor. ¿Quién diseñó un edificio tan complicado?

Es una pregunta muy difícil de responder. Casi no sabemos nada del reinado de Keops. Contamos con un montón de tumbas junto a la **Gran Pirámide** que nos dan nombres y cargos de su familia y de los nobles que trabajaron para él. Sin embargo, por desgracia son solo nombres sin nada más que decir.

En el caso de la Gran Pirámide podemos encontrar algunas pistas que nos lleven a conocer quién pudo ser el constructor: **Hemiunu.** Entre los cargos que tenía, además del de visir, esto es como hoy un primer ministro o un presidente de un país, también estaba el de «**director de las obras del faraón**». ¿Significa esto que Hemiunu fue quien construyó o diseñó la Gran Pirámide? No estamos seguros, pero todo parece indicar que así debió de ser.

Keops debió de tener mucho dinero para hacer una construcción así. Seguro que has oído hablar del empleo de esclavos, pero no lo creas. Hoy sabemos por las excavaciones arqueológicas que los trabajadores no eran esclavos. Entonces ¿cómo lo hizo? Debemos suponer que Keops participó en campañas militares que le permitieron hacerse con tesoros en otros países. Sabemos que batalló contra pueblos del sur, la antigua Nubia, hoy Sudán. También sabemos que Nubia era conocida por ser la **tierra del oro** ya que allí había grandes minas de este metal precioso. Quizá ahí pueda estar una de las claves del éxito de Keops.

También conocemos que su reinado, como poco, duró casi treinta años, y algunos libros antiguos nos hablan de más de sesenta. Como ves, todo lo que rodea a Keops y a la Gran Pirámide es un misterio. ¡Quizá tú puedas resolverlo!

¿SON LAS PIRÁMIDES UN REFLEJO DE LAS ESTRELLAS?

Los egipcios creían que, al morir, sus **faraones ascendían al cielo** y se unían a los dioses, por lo que sus tumbas, las pirámides, tenían una relación muy especial con las estrellas.

En primer lugar, hay que tener en cuenta que las pirámides están siempre orientadas a los cuatro puntos cardinales, el norte, el sur, el este y el oeste. La entrada además está siempre en el lado norte. ¿Por qué? Porque en este lugar era donde estaban lo que los egipcios llamaban las estrellas imperecederas, las estrellas que siempre eran visibles y nunca se perdían en el horizonte de la noche. Te explico qué es esto.

Los antiguos egipcios conocían a la perfección la posición de muchas estrellas en el firmamento. Ellos observaron que algunas se movían a lo largo del año y en unas épocas eran visibles y en otras no. Pero había **un grupo de estrellas en el norte** que eran visibles todas las noches del año. Para ellos eran estrellas eternas. De ahí que ellos quisieran que sus faraones fueran también eternos como esas estrellas. Por esta razón, la entrada de todas las pirámides está siempre en el lado norte del monumento, enfocando directamente a esas estrellas.

Pero no es solo esto lo que podemos encontrar en las pirámides y su relación con el cielo. Las tres pirámides de la meseta de Gizeh estaban **colocadas en la misma posición que las estrellas de la constelación de Orión**, una de las más importantes del cielo y que los antiguos egipcios identificaban con el dios Osiris.

Los antiguos egipcios entendían que su mundo no solo estaba en la Tierra, sino que tenían una conexión muy fuerte con las estrellas.

¿QUIÉN VIVÍA EN LOS TEMPLOS?

Si te hablo de un templo, probablemente pienses en uno griego o romano, pero los egipcios también tenían **templos donde adoraban a sus dioses**, aunque, fíjate lo que te digo, ¡no servían solo para eso! En Egipto, un templo era una ciudad dentro de la ciudad y contaba con decenas de espacios, edificios e incluso puertos y barcos propios.

Solemos tomar como ejemplo el templo de Karnak. Es cierto, quizá es un poco exagerado porque no todos los templos eran así de grandes. El de **Karnak**, levantado en honor del dios Amón en la antigua Tebas, hoy Luxor, tiene una superficie aproximada de un kilómetro de largo por otro de ancho. Y ahí dentro caben muchos edificios.

Todo el recinto estaba amurallado, protegiendo así lo que consideraban el espacio sagrado del dios Amón. Esta divinidad vivía en el **santuario del templo**, la parte más sagrada a la que solo podían entrar los sacerdotes de alto rango.

Karnak no solamente contaba con el gigantesco templo de Amón, sino que había los de otros dioses como Ptah, Osiris, Khonsu, Mut, etc. Pero también las casas de los sacerdotes. Se encontraban asimismo escuelas, bibliotecas, baños y todo aquello que se necesitara para las ceremonias religiosas. ¡Y no solo eso! Ya te he dicho que **era como una ciudad**, así que también había talleres en donde se fabricaba cualquier cosa que se necesitara (pan, cerveza, muebles, papiros para escribir, etc.) así como lugares para cultivar y para tener el ganado.

¿Te imaginas vacas u ovejas dentro de una iglesia moderna?

¿QUÉ ES EL VALLE DE LOS REYES?

Los antiguos egipcios no siempre enterraron a sus faraones en pirámides. Eran demasiado costosas y difíciles de vigilar. En su lugar, comenzaron a **excavar tumbas en las montañas del desierto.** Este método fue el más usado durante toda la historia de Egipto.

En la orilla oeste del Nilo junto a la ciudad de Luxor, la Tebas de los antiguos egipcios, se encuentra el Valle de los Reyes. Es uno de los lugares más hermosos de todo Egipto. Este **cementerio** empezó a usarse hacia el año 1500 a. C. y las tumbas están todas excavadas en el suelo o en las paredes del valle. Aquí apareció, por ejemplo, la tumba de Tutankhamón en 1922 con todos los tesoros prácticamente intactos. Sin embargo, Tutankhamón es una excepción ya que la inmensa mayoría de las tumbas fueron saqueadas en la Antigüedad.

¿Por qué eligieron este lugar? Es posible que en la cima de una de las paredes del valle haya una **pirámide de roca natural**. También que los egipcios creyeran que excavando las tumbas bajo esa gigantesca pirámide, estarían protegidos como los antiguos faraones.

Hasta ahora han aparecido sesenta y cinco tumbas, aunque se siguen buscando más como por ejemplo la de la reina Nefertiti, que muchos creen que está aquí.

Las tumbas son en muchas ocasiones majestuosas. Grandes pasillos excavados en la roca del valle nos llevan hacia una cámara funeraria en donde antiguamente debió de haber un **sarcófago**. Las paredes de esos pasillos y cámaras que llevan a la zona más profunda de la tumba suelen estar cubiertas con relieves en algunas ocasiones con vivos colores que se han conservado hasta hoy. Allí podemos leer algunos de los textos religiosos más conocidos de los antiguos egipcios como el *Libro de los Muertos*, el *Libro de las Puertas*, el *Libro del Amduat*, etc. De algunos de ellos hablaremos en otro capítulo.

EN EL VALLE QUEDAN MUCHAS TUMBAS AÚN POR DESCUBRIR. EN 1902 HOWARD CARTER, QUIEN DESPUÉS DESCUBRIERA LA TUMBA DE TUTANKHAMÓN, ENCONTRÓ FRENTE A LA DE TUTMOSIS IV UNA LASCA DE PIEDRA EN LA QUE HABÍA UN TEXTO CON LA DESCRIPCIÓN DE LA POSICIÓN DE ALGUNAS TUMBAS QUE AÚN NO SE HAN ENCONTRADO. ¡UN VERDADERO MAPA DEL TESORO!

¿CUÁL ES LA TUMBA CON MÁS HABITACIONES DE EGIPTO?

Egipto está lleno de **tumbas**. Debe de haber, no te exagero, cientos de miles, si no millones. La inmensa mayoría son muy pequeñas, apenas un agujero en el suelo cubierto por la arena. Además, muchas de ellas se reutilizaron a lo largo de la historia. Pero las más grandes son absolutamente enormes.

Las más impresionantes de todas las vemos en el **Valle de los Reyes**. Aquí se enterraron los faraones más célebres de la historia de Egipto como Tutankhamón, Ramsés II, Tutmosis III, Amenofis III, etc.

Hay dos tumbas en concreto que son espectaculares. La primera es la de Seti I, la más larga de todas, con casi 200 metros de longitud. Está excavada en la roca de la montaña y ha llegado hasta nosotros cubierta de **preciosos relieves** que describen el viaje del faraón hasta el Más Allá. Además, en la cámara funeraria, junto al sarcófago de Seti comienza una misteriosa galería que se adentra en la montaña casi 100 metros más. ¿Adónde llevará?

Aun así, esta **no es la tumba más grande de Egipto.** La más grande no está lejos de la de Seti I, también en el Valle de los Reyes. Es la de sus nietos, los hijos de Ramsés II. Esta tumba fue descubierta en 1825 por James Burton, un explorador que pudo entrar solamente a las primeras habitaciones. La ubicación de la tumba se perdió porque otros arqueólogos, moviendo escombros de excavaciones que hacían en el valle, la taparon. Pero en el año 1987 un arqueólogo estadounidense la redescubrió. Cuando retiró los escombros halló algo que no esperaba. Ante él se abría una tumba gigantesca, de varios niveles y con casi **150 habitaciones y corredores**. Y lo mejor de todo, es que... ¡aún están excavando y siguen apareciendo nuevas cámaras!

29

¿HAY TUMBAS AÚN PERDIDAS?

Pues claro que sí! El misterio en Egipto sigue vivo porque aún desconocemos muchas cosas. ¿Te imaginas qué tristeza si lo supiéramos todo ya? No habría nada que investigar y la arqueología se convertiría en algo anodino, aburrido. Pero tranquilo, no, **en Egipto quedan muchas cosas por descubrir** y tumbas llenas de misterios que te están esperando.

Vamos a hablar de Imhotep, el jefe de los constructores en el reinado del faraón Zoser, hace casi 5.000 años, pues no se sabe dónde está su tumba. Sospechamos que en **Sakkara**, junto a la pirámide escalonada de Zoser, pero aún no ha aparecido.

En el **Valle de los Reyes**, sabemos que debe de haber más tumbas. Por ejemplo, sabemos que hay faraones que seguro que se enterraron allí, como Tutmosis II o Ramsés VIII, pero no hemos encontrado sus tumbas. Luego hay otros, como Ramsés XI, que ordenó que se la construyeran allí... ¡y luego no la usó!

Pero para mí el mayor misterio es el de **Cleopatra**, ¡la que aparece en los cómics de Astérix! Toda su familia era griega, no egipcia, y llegaron a Egipto cuando Alejandro Magno lo conquistó. Cleopatra VII fue la última reina de Egipto, y vivió en la ciudad de Alejandría, al lado del mar. Todos los autores antiguos dicen que fue enterrada allí, pero, de momento, sigue siendo un misterio.

¿FUE IMHOTEP EL INVENTOR DE LA PIRÁMIDE?

Seguro que has escuchado este nombre si has visto alguna de las películas de *La momia.* Pero ya te digo yo que **Imhotep** no era un sacerdote malvado ni una momia con una boca enorme: el verdadero, porque sí que existió, vivió hace casi 5.000 años y era **Sumo Sacerdote** del templo de Ptah en la ciudad de Menfis, director de las obras del faraón Zoser y un montón de títulos más que solo nos puede hacer pensar que fue una persona muy importante.

Durante el reinado de este faraón se levantó la primera pirámide de la historia de Egipto, la llamada **pirámide escalonada en la meseta de Sakkara.** Sospechamos que Imhotep fue quien diseñó y mandó construir esta pirámide de casi 60 metros de altura, formada por seis enormes escalones. Es la primera gran construcción de piedra de la historia; todo un logro que inspiró a los egipcios a construir las demás que ya conoces.

Pero la historia de Imhotep no se quedó ahí. Su fama como hombre sabio fue creciendo con el paso del tiempo y casi 2.000 años después de morir, no sabemos por qué, se le consideró **un dios protector de la medicina.** Comenzaron a aparecer estatuas de bronce de Imhotep representándole sentado en una silla leyendo un rollo de papiro que despliega sobre sus rodillas. Su celebridad llegó a muchos países del mundo antiguo.

Este hombre sabio es representado en algunos templos junto a material médico empleado en **cirugía**, como las operaciones que hoy se hacen en los hospitales. Y te sorprendería ver lo parecidos que son aquellos instrumentos si los comparamos con los que se usan hoy.

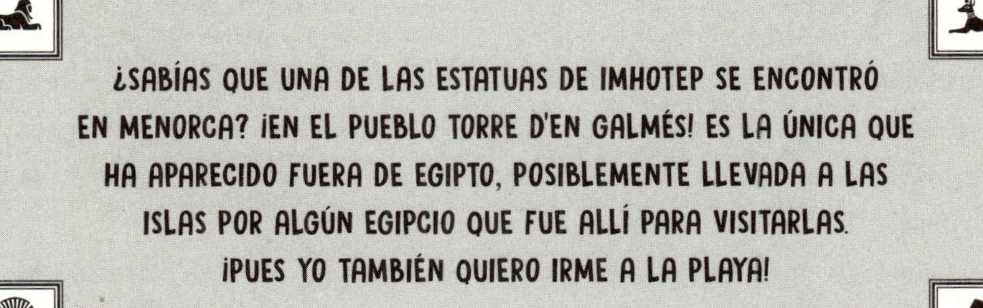
¿SABÍAS QUE UNA DE LAS ESTATUAS DE IMHOTEP SE ENCONTRÓ EN MENORCA? ¡EN EL PUEBLO TORRE D'EN GALMÉS! ES LA ÚNICA QUE HA APARECIDO FUERA DE EGIPTO, POSIBLEMENTE LLEVADA A LAS ISLAS POR ALGÚN EGIPCIO QUE FUE ALLÍ PARA VISITARLAS.
¡PUES YO TAMBIÉN QUIERO IRME A LA PLAYA!

¿SABÍAS QUE LOS EGIPCIOS INVENTARON EL CÓMIC?

A pesar de que la forma de representar las figuras te resulte muy limitada, en realidad, los antiguos egipcios supieron sacar todo lo mejor de ello. Esta forma de **dibujar de perfil**, aunque de primeras parece que es toda igual, permitía muchas posibilidades. Y es que ¡los antiguos egipcios inventaron el cómic! En los papiros nos cuentan historias en viñetas tal y como lo vemos en los cómics que lees.

Encontramos ejemplos en muchas tumbas, pero los más claros están en Beni Hassan, sepulturas de hace 4.000 años. En ellas son abundantes las escenas de **lucha libre entre dos hombres.** Lo que podríamos pensar que es una simple representación se convierte en una gigantesca tira de cómic en donde en quince o veinte viñetas podemos ver todo el combate.

Más espectacular y divertido es ver a una **chica malabarista** haciendo piruetas con bolas. La vemos dar un paso, coger impulso, saltar, seguir con las bolas en el aire y volver al suelo como si nada hubiera pasado. ¡Nadie lo podría haber representado mejor!

En los papiros también vemos el mismo tipo de representación. En ellos descubrimos viñetas del **difunto navegando en barca**, cruzando puertas, hablando con varias personas en varios dibujos. Los antiguos egipcios inventaron el cómic sin lugar a dudas.

Ten en cuenta una cosa: en aquella época, al contrario que hoy, prácticamente nadie sabía leer y escribir. Sin embargo, **los dibujos**, los cómics en realidad, ayudaban a que cualquier persona pudiera entender con rapidez qué era lo que estaba representado en el papiro, la pared de la tumba o el muro del templo. Una idea brillante, ¿no crees? Y para ello no tuvieron que cambiar nada de su característico sistema de dibujo en el que empleaban el perfil para casi todo. En este tipo de representaciones más distendidas, es decir, que no siguen las estrictas normas habituales a las que estamos acostumbrados en el arte egipcio, vemos a personas totalmente de perfil, agachadas, saltando, o haciendo todo tipo de piruetas. ¡Alucinante!

32

¿QUIÉN SE ATREVE A MOVER ESTE COLOSO DE MIL TONELADAS?

Si ya cuesta arrastrar el pupitre de la clase, imagínate un bloque de una tonelada, **mil kilos**, o mucho más, mil toneladas, un millón de kilos. Es como si de repente tuvieras que mover ¡un millón de paquetes de galletas!

Si has visto fotos de Egipto, habrás descubierto que allí todo está hecho a lo grande. El peso medio de un bloque de la Gran Pirámide es de mil kilos, pero, por ejemplo, los colosos de Ramsés II pesaban hasta un millón. ¡Casi nada!

Pero claro, si esto pesaba tantísimo, ¿cómo movían las rocas? Porque ni juntándose varios podrían. Por suerte, en las propias canteras de la meseta de Gizeh, donde están las pirámides, hay **dibujos de cómo se llevaban las piedras:** lo hacían sobre trineos de piedra arrastrados por bueyes.

Una pintura de una tumba nos muestra cómo casi 200 hombres tiran de un enorme coloso de un individuo sentado. Calculamos que ese **coloso** debía de pesar unos 60.000 kilos, pero ya te he comentado que los de Ramsés pesaban un millón.

¿Y ESO CÓMO LOS MOVIERON DESDE SU LUGAR DE ORIGEN HASTA EL TEMPLO DONDE ESTÁN AHORA, A 300 KILÓMETROS DE DISTANCIA? ¡PARECE IMPOSIBLE! ¿USARON TRINEOS? ¿Y CUÁNTOS EGIPCIOS TRABAJARON EN ELLO? POR DESGRACIA NO LO SABEMOS, PERO LO QUE ESTÁ CLARO ES QUE LOS EGIPCIOS, CUANDO NOS PONEMOS A ALGO, ¡SOMOS INCREÍBLES!

¿POR QUÉ SE REPRESENTAN DE PERFIL?

Como hemos visto en otro capítulo, los antiguos egipcios representaban de **perfil**, sí, pero ¿te has fijado que si ves el arte de Mesopotamia, Grecia o Roma también están de perfil? En **Mesopotamia**, lo que hoy es Irán e Irak, los sumerios, babilonios, asirios y persas, se representaban en las pinturas y en los relieves de perfil. Sin embargo, los antiguos egipcios tienen un toque especial que los hace únicos. Te lo voy a explicar.

El aspecto de **un egipcio en una pintura o relieve** es un poco extraño porque la cabeza está de perfil y el ojo de frente. Esto parece no tener mucho sentido, ¿no crees? Luego el cuerpo está también de frente, sin embargo, las piernas están de perfil. Una nueva contradicción. ¡Nadie es tan flexible como para poder adoptar esa postura! Bueno, yo sí puedo, ¡pero soy una gata!

Para complicarlo aún más, muchas veces las figuras tienen **dos pies derechos o dos pies izquierdos**. Vamos, ¡un lío! ¿Por qué lo hacían así? Te mentiría si te dijera que lo sabemos. Podemos sospechar cuál es la razón final, pero no deja de ser una suposición. Para los antiguos egipcios no era tan importante cómo se representa sino lo que se representa. Cuantas más partes veas de un cuerpo, más existe.

Y esto nos adentra en el mundo de la magia. Si algo no se representa no existe. Algunos historiadores lo han llamado «ley de la máxima claridad», esto es, cuantas más partes representes de una figura, aunque a simple vista tú no las veas, más claro resulta. Si a un rostro de perfil le representas el ojo de frente, realmente tu cerebro reconstruye mejor la cara de la figura.

TE INVITO A QUE COJAS UN LIBRO CON FOTOGRAFÍAS DE ARTE EGIPCIO O BUSCA «ARTE DEL ANTIGUO EGIPTO» EN INTERNET Y SEGURO QUE VERÁS UN MONTÓN DE FOTOS DE TUMBAS Y TEMPLOS. FÍJATE CON ATENCIÓN Y BUSCA QUÉ PARTES HAN SIDO REPRESENTADAS DE PERFIL Y CUÁLES DE FRENTE, NO SOLO EN FIGURAS DE PERSONAS, SINO TAMBIÉN EN OBJETOS Y ANIMALES. TE VAS A LLEVAR MÁS DE UNA SORPRESA, YA LO VERÁS.

¿SABRÍAS ESCRIBIR TU NOMBRE EN JEROGLÍFICOS?

No hace falta ni que me respondas, que ya sé lo que estás pensando: ¡no, pero **me muero de ganas**!

La escritura de los antiguos egipcios es muy complicada, aunque la base es más fácil de lo que crees. Tiene 24 signos, cada uno de ellos vinculado a una letra y, por lo tanto, a un sonido. En nuestra lengua, en este caso el español, algunos de esos sonidos no existen, aunque si sabes **árabe**, por ejemplo, estos sonidos te resultarán familiares.

Esta tabla que ves aquí es la misma que emplearon griegos y romanos en la Antigüedad para escribir nombres como Alejandro o Julio César en jeroglíficos.

Hay **letras de nuestro alfabeto** que no tienen correspondencia con el egipcio, pero puedes emplear algunas letras parecidas. Por ejemplo, no hay Ñ, pero puedes usar la N. Tampoco hay Z, pero puedes usar la Dj o la S. También es curioso porque la U sirve para hacer de u y de uve doble, y tienen tres! formas de escribir la J. ¡Escoge la que más te guste!

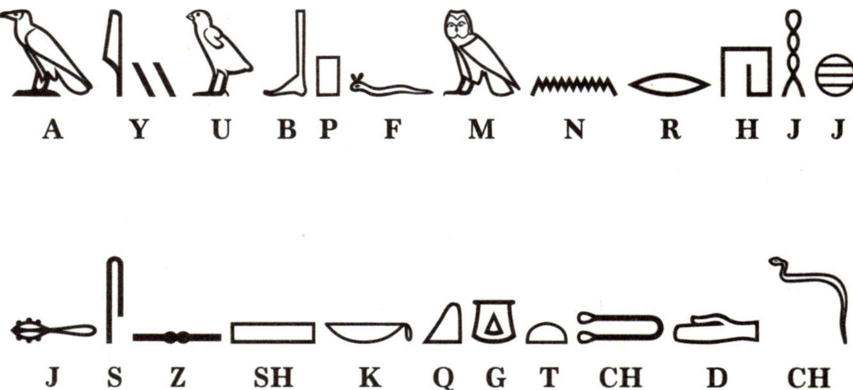

35

¿EXISTEN TEMPLOS EXCAVADOS EN LA MONTAÑA?

Al principio del libro, ¿recuerdas que ya comentamos alguna cosa sobre el templo de **Abu Simbel**?

Este monumento es uno de los más impresionantes de todo Egipto. Se encontraba antiguamente junto a la frontera de Nubia, al sur del país, y allí lo levantó Ramsés II precisamente para dejar bien claro a sus enemigos quién era el faraón. En su interior podemos ver **relieves** que describen las victorias militares del faraón.

Pero no es un templo normal porque no lo construyeron de cero, como los demás, sino que **¡lo excavaron en una montaña!** ¿A que mola? Imagínate lo difícil que fue vaciar la montaña y esculpir las cuatro estatuas de la fachada: cuatro Ramsés de casi 20 metros.

El templo está dedicado a Ra-Harakhty, una versión del dios sol Ra, que cada mañana baña con su luz la fachada del templo que está mirando hacia el este. Pero lo más llamativo de todo es el efecto que se da dos veces al año, **el 22 de febrero y el 22 de octubre.** En estos días, el sol entra en el interior y recorre sus salas para alcanzar la parte más profunda. Allí hay una capilla con cuatro estatuas. De izquierda a derecha vemos al dios Ptah, Amón Ra, Ramsés II y Ra-Harakhty. Esos días el sol entra, pero solo ilumina a tres figuras, dejando a Ptah, dios de la oscuridad, en penumbra. ¿Te imaginas la precisión que hay que tener para poder calcular este fenómeno tan increíble?

¿QUIÉNES ERAN LOS ENEMIGOS A LOS QUE RAMSÉS DERROTA EN LOS RELIEVES? SE TRATA DE LOS HITITAS, UN PUEBLO QUE VIVIÓ EN LO QUE AHORA ES TURQUÍA. RAMSÉS LOS VENCIÓ EN LA BATALLA DE QADESH, UNO DE SUS GRANDES LOGROS MILITARES. ¿CUÁL ES EL PROBLEMA? ¡QUE LOS HITITAS DICEN QUE FUERON ELLOS QUIENES GANARON! ¿A QUIÉN CREEMOS?

36

¿QUÉ PINTAN AQUÍ LOS EXTRATERRESTRES?

Es la pregunta que nos hacemos muchos. ¿Tú crees en los extraterrestres? ¿Crees que hay vida más allá del planeta Tierra? Eso es muy diferente a que la civilización egipcia sea de origen extraterrestre.

En realidad, hace muy poco que hay personas que relacionan a los egipcios con **extraterrestres**. Es más, yo diría que esos comentarios son un poco racistas ya que pretenden negar el conocimiento de los antiguos faraones pensando que eran bobos. Los OVNI son objetos volantes no identificados y supuestamente están pilotados por aliens o extraterrestres, esto es, personas que vienen desde otras galaxias o planetas lejanos. Hace apenas ochenta años que empiezan a **escribirse libros** en donde se explican algunos misterios de la civilización egipcia con la presencia extraterrestre. La construcción de las pirámides, el transporte de enormes bloques de piedra desde las canteras, la iluminación en el interior de las tumbas sin dejar trazas de humo..., todo eso se explicó diciendo que los antiguos egipcios tenían una tecnología hoy perdida que habían recibido de los extraterrestres.

La verdad es que las personas que proponen estas teorías conocen muy poco de los antiguos egipcios. No han leído sus textos, desconocen los **descubrimientos arqueológicos** o sencillamente se limitan a interpretar las evidencias de una forma extraña. Por ejemplo, cuando en la tumba de Tutankhamón aparecieron las momias de dos niñas que habían muerto antes de nacer, los amantes de los alienígenas dijeron que esas dos momias pertenecían a dos extraterrestres. No hay ninguna razón para decirlo. Los estudios de las momias han demostrado sobradamente que pertenecen a dos seres humanos, dos niñas, pero eso no les convence.

LAS MOMIAS

¿CÓMO SE HACE UNA MOMIA?

Alguna vez te has preguntado cómo se hace una **momia?** Tal vez te hayas disfrazado alguna vez de momia con papel higiénico... ¡pero en el antiguo Egipto una momia era muuuy diferente a un disfraz de Halloween!

Una momia realmente es una persona que ha fallecido y cuyo cuerpo ha sido tratado para que pueda conservarse **intacto durante siglos.** ¿Por qué lo hacían? Para que pudieran viajar durante toda la eternidad por el mundo de los muertos. Por esta razón la conservación del cuerpo era tan importante.

En Egipto, **cuando alguien muere** su familia manda su cuerpo a los **embalsamadores** para que los limpien y cubran con vendas de lino (¡no papel higiénico!). La verdad es que este proceso no es algo demasiado agradable, ya que hay que retirar las vísceras del interior. En concreto, se quitan el hígado, los pulmones, los intestinos y el estómago, que se dejan en unos recipientes que llamamos vasos canopos. ¡Incluso el cerebro es retirado del cráneo a través de un túnel hecho con un cincel por la nariz! Lo importante es que no quede nada que pueda pudrirse.

Entonces **el cuerpo es colocado en una bañera** cubierto por completo de **natrón**, muy parecido a la sal. ¿Qué se busca con ello? Desecar el cuerpo y que pierda toda su humedad. Una momia es literalmente un jamón, solo que hecho de ser humano.

Te preguntarás por qué hacemos momias. La razón es muy sencilla. Según las antiguas creencias, después de la muerte el espíritu de cada persona necesitaba un lugar reconocible en el que descansar para toda la eternidad. De ahí que sea importante **conservar el cuerpo** (si no, ¡imagínate que tu alma se equivoca de cuerpo! Vaya lío, ¿no?).

Seguro que cuando tengas la oportunidad de entrar en una tumba egipcia, si no lo has hecho ya, lo primero que vas a buscar es dónde está la momia. ¡Mira bien! Es posible que se levante y esté detrás de ti... ¡y no la veas!

38

¿DÓNDE APARECIERON LAS MOMIAS DE LOS FARAONES?

Podrías pensar que esta pregunta es un poco tonta. ¿No es así? La respuesta lógica es «en sus tumbas». ¡Ah, pero no es tan sencillo!

Los sacerdotes que cuidaban los cementerios, como el Valle de los Reyes o la meseta de Gizeh con las pirámides, decidieron que las momias de los faraones cuyas tumbas habían sido robadas se trasladaran a un lugar seguro, con vendas y sarcófagos nuevos si hacía falta. Esto debió de suceder en varias ocasiones, especialmente en momentos de hambre cuando la gente no tenía para comer y se veían obligados a **asaltar las tumbas de los antiguos reyes para robar el oro**.

Los robos no solo sucedieron en aquel tiempo. También se dan hoy en día. En el año 1881 aparecieron en el mercado de antigüedades de Luxor objetos que parecían venir de tumbas reales que los arqueólogos aún no habían descubierto. Esto hizo sospechar a los expertos. Todo indicaba que había aparecido un enterramiento nuevo y que estaba siendo robado por aldeanos. Siguiendo la pista de estos objetos, la policía dio con una familia, **los Abd El Rassul**, que se dedicaba a robar tumbas y vender sus tesoros de forma ilegal.

Cuando los egiptólogos llegaron a una de las tumbas se sorprendieron, pues no era normal, en ella había casi **cuarenta ataúdes con sus momias**. ¡Era un escondite de reyes difuntos! Allí habían dejado los sacerdotes hace casi 3.000 años los cuerpos momificados de los grandes faraones de la historia de Egipto. Ramsés II, Seti I, Tutmosis III... todos los soberanos cuyas tumbas del Valle de los Reyes habían aparecido vacías, miraban por primera vez a los ojos de los arqueólogos.

¿ES REAL LA MALDICIÓN DE LOS FARAONES?

¡Cuidado, está detrás de ti! Que no, que es broma, je, je, je. ¡Ven, que te enseñaré a luchar contra ella para que las momias no te asusten!

En bastantes tumbas se han encontrado **textos que maldicen** a todos aquellos que lleguen allí a robar, con maldiciones como «que un hipopótamo te devore o te ataque un cocodrilo si vienes aquí con malas intenciones». ¡Qué miedo! Es normal, porque las tumbas de la gente normal, no las de los faraones, estaban abiertas para que sus familiares pudieran ir allí a dejar sus **ofrendas** o **celebrar ciertas fiestas** como hacemos nosotros en la actualidad cuando vamos al cementerio a visitar a nuestros seres queridos que ya no están con nosotros.

Cuando se descubrió la tumba de Tutankhamón en 1922, comenzaron a pasar cosas extrañas: **lord Carnarvon**, el noble inglés que había puesto el dinero para la excavación, murió a los pocos meses. Además, algunas de las personas que visitaron la tumba sufrieron algunos problemas de salud al abandonarla o... **murieron al poco tiempo**.

Empezó a correr el rumor de que junto a una de las estatuas de Tutankhamón apareció una **tablilla** que tenía este texto: «la muerte tocará con sus alas a todo aquel que ose perturbar el descanso eterno del faraón». ¡Ay, qué miedito! Pero no te preocupes: esto es una leyenda urbana.

Ten en cuenta una cosa. Piensa en ello cada vez que visites una colección egipcia. La maldición solamente existe si crees en ella. Si actúas con respeto delante de las momias o los **tesoros** de los faraones, no te sucederá nada. No olvides nunca que esas momias son personas como tú o como yo que vivieron hace miles de años y merecen todo nuestro respeto. Si no actúas así..., ¡la maldición caerá sobre ti!

¿QUÉ NOS PUEDE CONTAR UNA MOMIA?

Las momias no hablan, no te preocupes, pero si las estudiamos bien nos pueden explicar muchísimas cosas sobre el antiguo Egipto y la gente que vivió allí.

Por ejemplo, son muy útiles para conocer cómo era **la salud de aquellas personas hace miles de años.** Podemos saber cómo era su alimentación, qué enfermedades padecieron, cuánto medían, la causa de la muerte...

Algunas investigaciones han ido más allá y han logrado saber cosas muy curiosas. Hoy ya no es necesario quitar las vendas de una momia para conocer qué hay dentro. Contamos con escáneres muy potentes que son capaces de ver lo que hay en su interior. Estos escáneres permiten, además, hacer una reconstrucción en 3D del cráneo y reconstruir el aspecto físico de esas personas.

Así, descubrimos cosas alucinantes. Por ejemplo, **la momia de Ramsés III** tiene un terrible corte en el cuello, lo que significa que ¡lo asesinaron! En un papiro se nos cuenta toda la historia de cómo su propia mujer y su hijo lo traicionaron. ¡Y la momia prueba que esto ocurrió de verdad! Otros reyes, como Sequenenre Tao II, tienen heridas de guerra, porque luchaban en grandes batallas contra sus enemigos. Como vez, las momias nos cuentan historias fascinantes.

EN EL SIGLO XVIII, MUCHAS PERSONAS SE LLEVARON MOMIAS DE LAS TUMBAS PARA USARLAS COMO SI FUERAN CARBÓN EN LAS MÁQUINAS DE TREN O PARA MACHACARLAS Y HACER CON ELLAS UNA VERDADERA ASQUEROSIDAD... ¡POLVO DE MOMIA! ESTE POLVO PODÍAS ENCONTRARLO EN LAS BOTICAS, LAS FARMACIAS ANTIGUAS, PARA FABRICAR TODO TIPO DE MEDICAMENTOS. LA GENTE CREÍA QUE EL POLVO DE MOMIA ERA CURATIVO. ¡PUAJ! ¡VAYA GUARRADA!

¿HAY FARAONES CON PASAPORTE?

Por si no lo sabías, en Deir El Bahari se descubrieron muchas momias escondidas. Pues una de ellas fue la de Ramsés II, uno de los faraones más importantes del Egipto antiguo, que no solo erigió grandísimos monumentos como el templo de Abu Simbel, sino que, según dicen algunos, ¡hasta tiene pasaporte! ¿Eeeh?

Tras su descubrimiento, la momia de Ramsés se trasladó junto con otras a **El Cairo** para ser conservada y expuesta allí en un museo. Pero el cambio de temperatura y humedad no tardó en afectarla. Descubrieron que había hongos sobre la piel del faraón que amenazaban con destruir la momia: como cuando le sale moho a uno de tus bocadillos, ¡pero mucho peor! Había que hacer algo rápido y había que hacerlo YA.

Lo primero que se pensó fue llevarla a París, donde estaban **los aparatos más modernos** en el tratamiento y conservación de momias.

Todo estaba preparado. Ramsés fue recibido con orquesta y altas autoridades como si fuera un jefe de Estado. Incluso se le hizo una **documentación especial** como si fuera un diplomático. Empezó a correr un rumor de que, para entrar en Francia, le habían hecho un pasaporte y todo, pero mucho me temo que no es cierto. ¿Te imaginas?

La manera que había entonces de acabar con todas las colonias de hongos que cubrían el cuerpo de Ramsés era **usando radiación**, la misma energía que se emplea en las terribles bombas atómicas. Tras esto, Ramsés II pudo regresar sano a El Cairo en donde hoy lo podemos ver en el Museo Nacional de la Civilización junto con otros faraones.

ANTES DE QUE LO CURARAN, PRECISAMENTE POR UN CAMBIO DE TEMPERATURA, LOS TEJIDOS DEL BRAZO DERECHO DE RAMSÉS SE CONTRAJERON Y EL BRAZO SE LEVANTÓ. ¡IMAGINAOS EL SUSTO QUE SE LLEVARON LOS QUE ESTABAN VIENDO LA MOMIA!

¿EXISTEN MOMIAS DE ANIMALES?

Ya sabes que los egipcios hacían momias para recordar a los seres que querían, pero ¡no solo a las personas! También hay muchísimas **momias de animales**, que podían ser de mascotas, para que los acompañaran en el viaje al Más Allá, o de dioses, como gatos o halcones. La verdad es que los gatos sí somos bastante divinos, sí.

Momias de animales dioses tenemos a montones, o más que a montones, a millones. Literal. En la meseta de Sakkara se han descubierto junto a la pirámide escalonada enterramientos **de ibis sagrados.** El ibis es un pájaro identificado con el dios de la ciencia, Thot. Además, también han parecido restos de carneros del dios Amón y algunos restos de los toros Apis. Las tripas de estos toros, que eran enormes, se colocaban en unas tinajas de piedra llamadas vasos canopos. Su tamaño era descomunal, de casi un metro de altura. ¿Cabrías tú en uno de estos?

Sin lugar a dudas, las momias más simpáticas son las de las mascotas. Con ello se demuestra el **cariño** que tenían los antiguos egipcios por los animales de las casas, especialmente **perros, gatos y monitos**. Por ejemplo, el príncipe Tutmosis, hijo de Amenofis III, tenía mucho cariño a su gata. Se llamaba Ta-Miu y cuando se murió la mandó momificar y colocar en un hermoso ataúd de piedra. Si es que nos hacemos querer.

HAY UN TERCER TIPO DE MOMIA DE ANIMAL QUE SON LOS ALIMENTOS. EN LA TUMBA DE TUTANKHAMÓN, POR EJEMPLO, APARECIERON PAQUETES COMO SI FUERAN TÁPERS EN CUYO INTERIOR HABÍA PATOS ASADOS MOMIFICADOS. CON ELLOS EL FARAÓN PODRÍA ALIMENTARSE DURANTE TODA LA ETERNIDAD. ¡ÑAM!

¿VIVÍAN LAS MOMIAS EN CASAS?

¿Sabes cómo llamaban los egipcios a las **tumbas**? «Moradas de millones de años», y no porque fueran de color violeta, no, sino porque pensaban en ellas como si fueran **casas que aguantarían muchíííííísimos años.** Pero claro, en 3.000 años las tumbas cambiaron un montón.

En la época más antigua, en la prehistoria, esto es cuando aún no había escritura, hace casi 6.000 años, las tumbas eran solo un agujero en el suelo donde se dejaba el cuerpo sin más y algunos objetos. Luego empezaron a construirse las primeras tumbas de piedra. Primero eran sencillas con solo una habitación, pero cada vez se hicieron más complicadas, con relieves y pinturas en las paredes. Estas primeras tumbas reciben el nombre de **mastabas.**

Pero las tumbas más conocidas son las que llamamos **hipogeos**, una palabra griega que significa «debajo de la tierra», es decir, excavado en la roca. Estas cuentan con dos partes: una de ellas estaba abierta a los familiares y a todas aquellas personas que se acercaran con respeto. Aquí las paredes estaban llenas de **textos que contaban la vida del muerto** (aunque siempre dejándole bien, ¡no te iban a decir que nunca ordenaba su habitación!). En la parte más profunda de la tumba se encuentra una capilla con una estatua del difunto con su familia. El cuerpo se dejaba dentro de un pozo muy profundo y se sellaba, para que nadie lo molestara. ¡Está muy feo eso de saquear tumbas!

LAS TUMBAS DE LOS REYES SON, COMO ES LÓGICO, DIFERENTES. MÁS GRANDES Y COMPLEJAS, CON MÁS SALAS Y CON MÁS PINTURAS Y RELIEVES. LAS ESCENAS DE LAS PAREDES NO SON DE LA VIDA COTIDIANA DEL REY, SINO DE SU VIAJE AL MÁS ALLÁ Y DE SU ENCUENTRO CON DIFERENTES DIOSES COMO HORUS, OSIRIS, ANUBIS, ISIS, HATHOR... ¡TODO UN VIAJE AL INFRAMUNDO!

¿CUÁNDO SE DEJARON DE HACER MOMIAS?

Te vas a sorprender, pero **las momias dejaron de hacerse muy tarde**, hace unos 2.000 años, que parece mucho, ¡pero no lo es! Si las primeras momias las encontramos en los enterramientos prehistóricos, las últimas se confeccionaron casi 4.000 años después. Esto nos tiene que hacer pensar que se trataba de **una tradición muy asentada** en la sociedad egipcia y que iba más allá de la religión de los antiguos faraones.

Como veíamos en otro capítulo, las primeras momias se hicieron de casualidad. La sequedad del desierto egipcio hacía que el cuerpo se conservara de forma natural al deshidratarse, esto es, **perder toda la humedad**. Recuerda que dos terceras partes de nosotros son agua, y si te la quitan, te quedas, literalmente, como un jamón serrano.

Como ya sabes, las momias se hacían porque los egipcios antiguos querían mantener el cuerpo perfecto para la vida en el Más Allá, pero cuando llegan los cristianos, la religión empieza a cambiar. Aun así, los egipcios siguen haciendo momias, solo que en vez de escarabeos ponen **cruces** sobre los difuntos. ¿No te parece curioso?

Podríamos preguntarnos, ¿qué tienen que ver los cristianos con la religión de los antiguos egipcios? Pero los propios habitantes del Valle del Nilo te dirían: ¿cómo no vamos a hacer una cosa que llevamos haciendo miles de años? Pues sí, también tienen razón.

La momificación se fue perdiendo poco a poco diluida en otras formas de enterramiento como la **incineración,** quemar un cuerpo hasta reducirlo a cenizas, o, más sencillo todavía, colocarlo sin más en el interior de una tumba.

¿LAS MOMIAS PUEDEN SER ESTRELLAS DE CINE?

Seguro que viendo en la tele una peli de momias te has agarrado al sofá con un susto de muerte. Es normal. El aspecto de las momias, hay que reconocerlo, no es agradable. Pero no olvides nunca lo que decíamos antes. **No dejan de ser seres humanos**, aunque feos, y merecen todo nuestro respeto.

Las pelis de momias empiezan antes del boom de la maldición de Tutankhamón en el año 1922. Sabemos que hay algunas películas en blanco y negro, mudas, muy antiguas que ya hablan de momias. Pero la primera gran película que trata este tema es la de 1932, *La momia*. Te invito a que la veas y descubras todos los guiños que hay al descubrimiento de la tumba de Tutankhamón. El personaje principal, **Imhotep**, está protagonizado por un actor que hizo muchas pelis de terror. Su nombre era Boris Karloff. En la peli, la momia recupera la vida cuando los arqueólogos que descubren su tumba leen un antiguo papiro en el que hay una fórmula mágica. Ese momento es uno de los más importantes de la historia del cine, aunque, la verdad ¡a mí me da mucho miedo!

La versión más moderna de *La momia* del año 1999 ha tenido mucho éxito y se ha convertido en **una película de aventuras muy popular**. ¿La has visto? Si no lo has hecho aún, te recomiendo que lo hagas. Esta es mi favorita, porque al villano, Imhotep, le asustan los gatos.

¡Toma esa!

Como sucede en todas las pelis hay cosas que están bien recreadas y otras no, pero si te quedas con la esencia, el antiguo Egipto y sus misterios, seguro que te entusiasma y te ayuda a curiosear y bichear en libros o en internet sobre el antiguo Egipto.

¿TENÍAN LOS EGIPCIOS EJÉRCITOS MÁGICOS?

Los antiguos egipcios estaban muy preocupados por cómo iba a ser su vida en el Más Allá. Sabían que tendrían que trabajar en los campos de cultivo de Osiris para poder subsistir y tener alimento durante toda la eternidad. Y claro, ahí llega el problema. ¿A ti te gustaría tener que trabajar para siempre? Pues a ellos tampoco. ¿Cómo solucionaron este inconveniente? **Con magia**, por supuesto.

Los personajes ricos que no querían trabajar en el Más Allá comenzaron **a enterrarse con maquetas** que reproducían sus trabajos. Es decir, los que habían sido escribas, aparecían contabilizando, por ejemplo, el ganado. Además, como querían todo tipo de cosas de las que habían disfrutado en vida, también hicieron maquetas de talleres para hacer telas, muebles, panes, etc. Estas maquetas eran figuritas diminutas, como las de las casas de muñecas. ¡Ya está todo inventado!

Esto servía porque según la creencia egipcia, si tú modelabas una cosa, **esta cobraba vida en el Más Allá** gracias a la magia. Por eso creían que estas maquetas les harían vestidos, muebles o panes para toda la eternidad.

Luego empezaron a enterrarse en las tumbas con **shabtis**, también llamados *ushebtis* o *shauabtis*, que eran una imagen de la momia del difunto que debía responder por él cuando fuera llamado para realizar cualquier tipo de trabajo.

En un principio, las tumbas tenían un solo *shabti*. Pero con el paso del tiempo se empezaron a colocar más y más, de tal manera que en los últimos años de la historia de Egipto la gente **se enterraba con cientos de ellos**. Uno para cada día del año, uno para cada semana de diez días, otro para dirigir grupos... en total más de 400. ¡Imagínate un ejército de pequeños *shabtis* para hacer todos tus deberes! Suena bien, ¿eh?

¿CÓMO SE VISTE UNA MOMIA?

Sí, has leído bien, cómo se viste, porque una momia es una persona y tiene que ir **perfectamente vestida** al Más Allá. Además de lo complicado que es el proceso de momificación, el trabajo no quedaba ahí. Había que arreglarla a conciencia. Las familias más pudientes empleaban lino blanco para las vendas. Hemos encontrado momias para las que se usaron kilómetros de finas vendas de lino. ¿Te imaginas? Empiezas a tirar de la punta de un pie y vas desenvolviendo hasta hacer 2 o 3 kilómetros.

Pero ahí no quedaba todo. Las vendas, en realidad, eran solo el principio. Entre ellas solían colocar **amuletos hechos de piedras de colores** para proteger al difunto en su viaje al mundo de Osiris, un camino que estaba lleno de peligros. Asimismo, si tenías dinero para ello, también podías comprar una máscara para colocar sobre la cabeza de la momia. Los reyes usaban máscaras de oro. La más conocida es la de Tutankhamón, pero mucha gente empleaba otros materiales más económicos como la madera. De esta forma, Osiris podría reconocerte enseguida al entrar en su reino si te veía con la máscara.

Debía de ser un espectáculo ver una momia recién salida de la tienda de campaña en donde trabajaban los embalsamadores. Muchas veces cubrían el cuerpo con vestidos hechos de rejillas de piedras de colores. El más empleado era el azul, pero también los había verdes, rojos y amarillos. Todo un espectáculo de color para cubrir y engalanar a la momia.

Para rematar el vestido de la momia, necesitabas **un buen ataúd**. Los más caros eran de oro, como los usados por los faraones. Pero hemos encontrado muchos de piedra cubiertos con jeroglíficos y dibujos con vivos colores fabricados con madera o con cartonaje, una pasta creada con paja, yeso, tela y otros materiales que permitía ser modelada con facilidad.

Para acabar el proceso, el ataúd, debía introducirse en un enorme sarcófago de piedra, ¡si era de granito, mucho mejor! Así el de madera quedaba bien resguardado y protegido para toda la eternidad.

¿ES POSIBLE EXTRAER EL ADN DE UNA MOMIA?

Suena a algo muy sofisticado, ¿a que sí? El ADN es un ácido con un nombre muy difícil: **desoxirribonucleico.** A ver si eres capaz de leerlo del tirón. ¿Sí? ¿Y con un polvorón en la boca?

Lo importante de este ácido es que guarda las instrucciones sobre nuestro aspecto (como el color de ojos, de pelo o de piel) y sobre nuestra familia: quiénes son nuestros padres y nuestros abuelos. Pero claro, nosotros estamos vivos; **¿una momia puede tener ADN?** ¿Podemos rastrear la familia de una momia o saber qué aspecto tenía?

Los científicos no están de acuerdo en si se puede extraer ADN de una momia o no. La mitad dice que sí y la otra mitad dice que no. Muchas momias **se han contaminado** al ser tocadas por decenas de personas desde que fueron descubiertas o porque han estado mal conservadas. Aunque oigas que se ha reconstruido la cara de una momia o que sabemos quién era hijo de quién, no siempre te puedes fiar. A veces, los resultados que salen son ¡de los científicos que trabajan en la momia! Porque, al tocarla, la han contaminado. Piensa que simplemente el hecho de pestañear puede hacer que caigan células de tus ojos en la muestra y la contamine.

Entonces ¿no podemos saber cómo eran los antiguos egipcios? Pues sí podemos, porque muchas momias están tan bien conservadas, ¡incluso tienen pelo!, que podemos imaginarnos perfectamente cómo serían cuando eran seres vivos.

VIDA COTIDIANA

¿TRABAJABAN LAS MUJERES EN EL ANTIGUO EGIPTO?

Seguro que, si piensas en chicas egipcias, te las imaginas bailando o haciendo ofrendas, como aparecen en las pinturas de las paredes, pero ¡hacían muchísimas más cosas!

Uno de los cargos más importantes que tenían en el Egipto de los faraones era el de **Señora de la Casa.** Este título aparece en muchas ocasiones junto al nombre de una mujer en tumbas familiares en las que descansan junto a sus esposos e hijos. El título de Señora de la Casa no significa que ella fuera la que limpiaba o hiciera las labores domésticas, sino que era la encargada de la administración, es decir, controlaba los gastos, quién trabajaba en ella, qué había que hacer si se necesitaban obras, etc. ¡Como tu madre, vamos!

Sabemos además que **en las escuelas había niños y niñas**, aunque no siempre podían ir, sobre todo los más pobres. Los antiguos egipcios vivían de lo que producían los campos e incluso los niños ayudaban a sus padres en este trabajo, y a veces estaban tan ocupados que no tenían el tiempo libre para ir a la escuela. Pero las niñas que podían ir tenían vidas muy interesantes. Conocemos **mujeres que llegaron a ser escribas, médicos, etc.** En la aldea de Deir El Medina, donde vivían los artistas que trabajaban en las tumbas del Valle de los Reyes, no aparecen nombres de mujeres, solo familias lideradas por un hombre, pero cuesta creer que entre todos ellos no hubiera alguna mujer. Conocemos una inscripción que nos habla de una mujer que vivió en la misma época que el faraón Keops. Su nombre era Peseshet y ostentaba el título de Supervisora de los médicos, de lo que deducimos que ella era también médico. ¿Te imaginas? ¡La primera médica de la historia!

¡Algunas incluso llegaron a reinar con el nombre de faraón! Alucinante, ¿verdad?

¿CÓMO ERAN LAS CASAS?

Muchas veces conocemos cómo son las personas por la casa en donde viven. Seguramente tus padres te han echado la bronca en más de una ocasión por tener la habitación desordenada. ¿A que sí?

En el antiguo Egipto **las casas eran pequeñas**, más o menos como un piso de los modernos. Había pocas habitaciones ya que gran parte de la vida se desarrollaba fuera. Algunas solamente contaban con un pequeño salón de entrada en donde había una capilla en la pared para adorar a los dioses locales. También solía haber otro saloncito, con un banco pegado a la pared en vez de un sofá, un dormitorio, una cocina y un almacén.

En verano la familia solía dormir en la terraza de la casa, a donde se llegaba subiendo por una escalera que había junto a la cocina. No había baños y las cosas se hacían fuera, junto al río, donde también se lavaban.

Las casas estaban hechas de adobe (parecido al ladrillo, pero hecho de barro), más fresco que la piedra y, como sucede con sitios calurosos como en el sur de España, las viviendas formaban calles estrechas para que hubiera sombra y evitar que se acumulara el calor.

Como las casas eran pequeñas, tampoco pienses que había muchos muebles. No tenían espacio para acumular trastos, como ahora. **Vivían con lo puesto.** Apenas había un pequeño baúl o dos para meter algunas ropas o cacharros para la cocina.

NO TE CREAS QUE LOS PALACIOS DE LOS GRANDES FARAONES ERAN MAYORES. LOS POCOS QUE HAN LLEGADO HASTA NOSOTROS NO TIENEN GRANDES SALONES, COMO LOS QUE VES EN LAS PELIS. LA SALA DEL TRONO DE RAMSÉS III APENAS TIENE 30 METROS CUADRADOS, ¡NO ES MÁS GRANDE QUE UN SALÓN! A MÍ, LA VERDAD, ME GUSTA MÁS EL CAMPO, MUCHO MÁS AMPLIO PARA CORRER.

¿POR QUÉ NO LES GUSTABA VIAJAR?

No sé a ti, pero a mí me encanta cuando llegan las vacaciones de verano, hacemos las maletas y nos vamos por ahí. ¿A quién no le va a gustar? ¡Pues a los egipcios!

Hoy estamos acostumbrados a que todo el mundo viaje. Los precios de los trenes o los aviones han bajado muchísimo y es muy accesible para muchas personas. Pero si preguntas a tus abuelos dirán que ellos apenas viajaban. Era muy raro ir de vacaciones a otro lugar e incluso lo más normal era no llegar a salir nunca del pueblo en donde habías nacido.

En el antiguo Egipto sucedía lo mismo. **Solamente viajaban las personas que se dedicaban al comercio o los militares** que para realizar sus campañas iban a lugares fronterizos o a otros países para conquistar nuevas tierras para el faraón.

El cuento de Sinuhé nos relata las aventuras de un hombre importante de la administración del faraón Sesostris I (hacia el 2000 a. C.) que huye de Egipto porque ha oído que va a haber una conspiración y tiene miedo. Cuando lees este relato te das cuenta de **lo extraordinario que resultaba para un egipcio normal poder ir a otros lugares**, sobre todo a países extranjeros con pueblos y culturas distintas.

Y es que realmente lo tenían todo a mano. Las personas nacían y morían en el mismo lugar. Allí tenían a sus seres queridos, el trabajo que muchas veces heredaban de sus padres, la casa de su familia, vecinos con los que poder relacionarse y buscar un novio o novia, y, sobre todo, alimento, que era lo principal que buscaba cualquier persona para poder vivir.

Como los pueblos eran tan pequeños y la gente apenas se movía, todo el mundo se conocía, y eso, si lo piensas es bonito. Era como si todo el pueblo fuera una misma familia. Curioso, ¿no?

¿A QUE NO IMAGINABAS QUE AQUÍ INVENTARON EL DEPORTE?

Los griegos han pasado a la historia por inventar los juegos olímpicos. Pero ¡ay, amigo! **Quien inventó el deporte fue la cultura egipcia.** ¿Te acuerdas cuando mencionaba unas escenas de lucha libre entre hombres que había en unas tumbas de Beni Hassan? Esas tumbas tienen casi 4.000 años, pertenecen al Reino Medio y podemos ver a dos boxeadores en diferentes posturas haciéndose llaves y piruetas para derribar al contrario.

Pero hay incluso evidencias más antiguas de deporte en el Egipto de los faraones. Desde las primeras dinastías, cuando el rey alcanzaba los 30 años de gobierno debía demostrar que tenía fuerzas para continuar en el cargo. ¿Cómo lo hacía? Con una carrera. Debía dar una vuelta a un recinto para que el pueblo viera que era lo suficientemente fuerte como para seguir liderando al ejército o gobernando el palacio. No hay que olvidar que en una civilización en donde el ejército era una de las bases del poder, el ejercicio físico era algo superimportante.

¿Sabías que **la carrera del maratón** está basada en la distancia que tuvo que recorrer un soldado griego desde la planicie de Maratón hasta Atenas para comunicar la victoria sobre las tropas persas? ¡Pues esto ya lo hicieron antes los egipcios!

Según una inscripción, en la Estela de la carrera, de la XXV dinastía, los soldados debían correr desde la capital de Menfis hasta el lago de El Fayum, unos 70 kilómetros en ¡casi 4 horas! ¿Tú serías capaz de hacerlo? ¡Me canso de solo pensarlo!

LOS SOLDADOS EGIPCIOS ESTABAN MUY EN FORMA, PORQUE LAS ARMAS QUE LLEVABAN PESABAN UN MONTÓN Y, ADEMÁS, TENÍAN QUE CRUZAR EL DESIERTO. ¿TE IMAGINAS HACER UNA CARRERA ASÍ?

¿CÓMO SONABA LA MÚSICA EN LA ÉPOCA DE LOS FARAONES?

La música era una de las asignaturas que también se enseñaba en las escuelas del antiguo Egipto. Como sucede en la actualidad era un arte muy presente en la vida diaria. Piensa que **en aquella época no había internet**, ni deportes multitudinarios como el fútbol o el baloncesto. La gente se entretenía cantando y bailando con los familiares, los amigos como hacemos hoy. Cualquier excusa era buena para ponerte a cantar o bailar.

Al no tener partituras, no sabemos realmente cómo sonaba, aunque hay una especie de «trampa» para poder hacerlo. Los relieves y pinturas de las tumbas ofrecen **hombres y mujeres tocando instrumentos** relativamente sencillos. Hay instrumentos de percusión como tambores y panderetas; otros de viento como flautas de una o dos cañas y muchos de cuerda como laúdes o arpas.

Muchos de ellos han llegado hasta nosotros y los podemos seguir tocando. Están confeccionados en madera y las cuerdas que han desaparecido por el paso del tiempo, debían de ser de **tripas de animal** (un poco como la morcilla, en realidad). Reconstruyendo las partes que faltan, hemos podido hacerlos sonar de nuevo.

Algunos han ido más allá. Antes te decía que no conservamos partituras de las canciones del antiguo Egipto. Pero sí podemos hacerlo a través de la música de sus herederos, los **coptos**. Este es el nombre que reciben los cristianos egipcios que llegan al país en el siglo I y II de nuestra era. Ellos heredan muchas cosas de los faraones como, por ejemplo, la música, haciendo canciones que aún hoy se pueden escuchar en las iglesias coptas. A través de ellas es posible recrear cómo sonaba la música en el antiguo Egipto.

Si escaneas este código con tu aplicación de Spotify, ¡podrás escuchar cómo sonaba la música egipcia antigua!

¿QUÉ ESTUDIABAN EN LA ESCUELA?

Ir al cole a veces es un poco aburrido, pero saber leer y escribir es importantísimo, y los egipcios ya eran conscientes de eso. Las escuelas egipcias estaban en los palacios y en los templos y servían para enseñar a la gente a **entender los jeroglíficos**, que como ya has visto son muy complicados. Por desgracia, no todo el mundo podía ir: quizá solo una de cada cien personas acudiera a la escuela.

Ellos la llamaban **La Casa de la Vida**, ¡y tenemos algunos de los textos que usaban para aprender! No te creas que distan mucho de lo que hoy haces con tus profes en el cole. En clase de matemáticas, por ejemplo, resolvían sumas, restas, fracciones, problemas en donde debías conocer el tamaño de una superficie o el volumen de una figura. También había clases de lengua en las que se estudiaban cuentos antiguos como ***El cuento del náufrago***. Para poder estudiarlo, los alumnos iban a las bibliotecas en donde se guardaban copias de estos antiguos libros.

También había estudios de lenguas extranjeras. La más importante era el acadio, que se hablaba en el reino vecino a Egipto, en **Mesopotamia**. Era el inglés de aquella época. También estudiaban cosas que seguro que te parecen rarísimas, como ¡la interpretación de los sueños!

¿ALGUNA VEZ TE HAS ABURRIDO EN CLASE? YA, A LOS NIÑOS EGIPCIOS TAMBIÉN LES PASABA. UN ESTUDIANTE DE HACE MILES DE AÑOS DEJÓ ESCRITO ESTO EN UNO DE SUS CUADERNOS: «LAS HORAS DE CLASE SON TAN LARGAS COMO LAS MONTAÑAS». ¿ESTÁS DE ACUERDO CON ÉL?

55

¿PASEABAN LOS EGIPCIOS POR EL NILO?

Ya hemos visto antes que los antiguos egipcios eran más dados a hacer vida fuera que dentro de casa. Si conoces Egipto y has tenido la oportunidad de pasear o ver las orillas del Nilo, sabrás por qué.

Todos los pueblos y ciudades **se construían cerca del Nilo** para poder tener agua. De esta forma no solo contaban con un líquido vital, sino que además podían **bañarse, pescar y, especialmente en verano, poder pasear por los marjales.** Los marjales son las zonas verdes que rodean al río con papiros, lotos, palmeras. También hay mucha fauna como garzas, ánades, gatos salvajes, etc.

Pasear por estos lugares era una verdadera delicia. No es extraño encontrar textos en donde por medio de poesías se nos habla de la belleza de estos paseos. Esto nos está hablando del gusto que sentían los antiguos egipcios por navegar tranquilamente en **una barquita por la orilla del Nilo**. Al ser muy ancho en algunos puntos, hay sitio para muchas personas y seguro que las familias ya tenían «reservado» por antigüedad ciertos lugares para ir allí a navegar o merendar los días de fiesta.

Por último, no olvides una cosa. **El Nilo era la autopista de los antiguos egipcios.** Tanto para ir por la misma orilla de norte a sur, como para cruzar de una orilla a otra. Ellos no tenían puentes y preferían tomar una barca y disfrutar del paseo mientras viajaban de una parte a otra de la ciudad por medio de las aguas del Nilo.

56

¿EXISTÍAN LAS PELUCAS EN EL ANTIGUO EGIPTO?

Seguro que en el cole has conocido algún compi que ha tenido piojos. O incluso tú mismo, ¿a que sí? Y fíjate que hoy contamos con un montón de productos de aseo que te ayudan a prevenirlos o a exterminarlos. Pues imagínate cómo debía de ser el problema en el antiguo Egipto. ¿Cómo hacían para solucionarlo? Muy sencillo, **se rapaban la cabeza al cero y se colocaban encima una peluca** que era más fácil de cuidar y limpiar.

Las pelucas solían hacerse con pelo natural. Los ricos contaban con algunos ejemplos extraordinarios. Incluso algunas de ellas han llegado hasta nosotros, porque se depositaban en las tumbas para que el muerto siguiera disfrutando de ellas después de la muerte en el Más Allá.

Como eran objetos muy caros (y solían estar decorados con cintas de oro y piedras preciosas), eran una muestra de poder. ¡No todo el mundo podía permitirse una peluca!

No es raro ver también sobre las pelucas lo que denominamos un «**cono de perfume**». Parece un huevo, pero, en realidad, estaba hecho de resina con perfume. Imagina una vela que se colocaba sobre la peluca y con el calor se derretía y caía no solamente por el cabello de la peluca, sino también por el traje de la persona que lo llevara, hombres y mujeres.

Vale, igual así olían mejor, pero ¡qué asco! A mí me da un poco de grima, ¿y a ti?

¿CÓMO SE MAQUILLABAN LOS ANTIGUOS EGIPCIOS?

Alguna vez te has disfrazado de egipcio? Seguro que lo primero que has hecho es **pintarte los ojos de negro.** ¡Lo sabía! Es algo muy muy característico del antiguo Egipto.

Esas líneas negras estaban hechas con **kohl**, un mineral abundante allí. Ese polvo oscuro casi negro, dependiendo de otros ingredientes que usaban para hacer la mezcla, se empleaba usando un bastoncillo muy fino hecho de hueso o de cerámica. En realidad, hoy se sigue empleando el mismo sistema para pintarse los ojos.

Los labios o las mejillas se maquillaban de color rojo con ocre, un mineral de óxido de hierro que molían hasta hacerlo polvo. A veces también usaban un maquillaje de color verde que extraían de la malaquita.

Los faraones contaban con maquilladores y gente que les hacía la manicura. El cuidado del aseo personal era muy importante. En un país en donde el viento levanta mucho polvo y la arena lo cubre todo, hay que vigilar mucho. En aquella época no había gafas de sol. Para remediar el **impacto de los rayos del sol** se pintaban esas líneas negras tan características alrededor de los ojos. La principal finalidad era, precisamente, evitar que los rayos del sol se reflejaran en la piel y los dañaran. Cuando tienes una pintura oscura en esa parte, se evitan estos brillos. Es muy parecido a lo que emplean los esquiadores. **En la nieve por el reflejo del sol**, la luz blanca es enorme y puede hacerte daño a los ojos. En el desierto sucede lo mismo por el color claro de la arena.

¿HABÍA DISTINTOS TIPOS DE ESCUELAS?

Te he dicho que las escuelas egipcias se encontraban en los **palacios** y en los **templos**, pero esto no pasaba por casualidad. Igual que ahora hay coles privados y públicos, en el antiguo Egipto también había diferentes tipos de escuelas, que separaban a los niños dependiendo de si eran ricos o nobles.

Había dos tipos de escuelas. A la del palacio imaginamos que iban los príncipes o los hijos de los miembros de la casa real. Seguramente iban también los hijos de los nobles. Por el contrario, las escuelas de los templos podían aceptar a todo tipo de estudiantes. Es aquí en donde, por ejemplo, estudió **Imhotep, el hombre que diseñó la primera pirámide**. Cuando los funcionarios de los templos encontraban a un chico o a una chica espabilados hablaban con sus padres para darles una oportunidad en el templo y formarlos como sacerdotes o escribas. Una vez dentro, empezando desde los niveles más bajos según cada chico, si era aplicado, listo y despierto, podría ir ascendiendo de cargo. Imhotep, por ejemplo, se convirtió en sumo sacerdote del dios Ptah de Menfis.

Esa carrera meteórica no solo le benefició a él sino también a su familia. Desconocemos a qué se dedicaban, si eran agricultores o eran unos modestos artesanos. Pero cuando Imhotep fue divinizado después de su muerte, **su madre**, de nombre Kheredu-ankh, también fue venerada. Seguro que ella estuvo superorgullosa de lo que había conseguido su hijo.

¿USABAN DINERO LOS EGIPCIOS?

Cuando acompañas a tus padres a la compra ellos pagan con dinero o con la tarjeta de crédito, ¡o incluso con el móvil! ¿Cómo te imaginas que se **pagaban las cosas** en el antiguo Egipto? Pues resulta que ellos no tenían ni monedas ni billetes, pero usaban otro sistema muy sencillo.

Las monedas llegaron a Egipto casi al final de su historia, con Alejandro Magno y los griegos a partir del siglo IV a. C. Pero hasta entonces estuvieron más de 2.000 años sin dinero y la verdad es que se las arreglaron muy bien. ¿Cómo lo hicieron? Por medio de un sistema de intercambio: **el trueque**.

Imagínate un mercado en una plaza amplia. Así debían de ser los mercados en Egipto. Habría puestos con frutas, carne, vasijas..., todo lo que se pudiera necesitar. Cuando ibas a comprar tú llevabas otros objetos con los que intercambiarlos. Podían ser frutas y hortalizas que habías obtenido de tu propia huerta o incluso metales. **Los metales eran lo más valioso en Egipto.** Pero no solo el oro y la plata, sino también el cobre. Las cosas tenían un precio más o menos acordado. Un kilo de trigo valía tantos gramos de cobre (aunque ellos contaban en *deben*, no en gramos), una vaca, tantos gramos.

En la actualidad podríamos hacerlo de este modo. Un buen cuaderno vale casi lo mismo que dos o tres bolígrafos, dependiendo de su calidad. Has de jugar con esos baremos para hacer un cálculo mental y comprar lo que quieras sin perder. Un helado vale lo que un litro y medio de leche, más o menos. Así puedes ir haciendo tablas para poder saber cuánto valen las cosas.

60

¿A QUÉ JUGABAN LOS ANTIGUOS EGIPCIOS?

Hoy divertirse es muuuuuuy fácil. Podemos jugar en los patios del cole, en las plazas, tenemos internet, juegos de mesa, consolas, etc. Pero ¿cómo jugaban los antiguos egipcios? Y no solamente los más pequeños, sino también los adultos. ¿Cómo se entretenían?

Los egipcios eran fans de los **juegos de tableros**. El más popular de todos es el ***senet***. Se trata de un tablero con 30 casillas, cinco fichas para cada jugador, cada grupo de un color diferente, y tres dados. Estos dados no son como los dados de hoy de seis caras, sino que eran tablillas con un lado liso y el otro abombado. Dependiendo de en qué lado caían, valía una cosa u otra.

Hasta nosotros han llegado varios *senet* y contamos con numerosas representaciones en tumbas de personas disfrutando de este entretenido juego de mesa. Hoy hay muchas **aplicaciones** en los dispositivos móviles que recrean cómo era el *senet*, así que si le preguntas a tus padres seguro que te pueden dejar jugar con una de ellas.

Pero ojo, que ya está todo inventado. ¿Has jugado a la oca alguna vez? ¡Los egipcios también! Tenían un juego muy parecido, al que llamaban «la serpiente». Tiene el mismo esquema que la oca: **una espiral** que comienza en la parte exterior de un tablero circular y se va cerrando hasta llegar a la última casilla en el centro.

Uno de mis preferidos es el **juego de los perros** (aunque sea una gata). Se trata de un pequeño tablero en el que hay agujeros en donde has de ir colocando unas varillas rematadas por la cabeza de un perrete o de un chacal del desierto. ¡El juego es precioso!

También había **muñecas** parecidas a las Barbies, muñecos de animales que se movían, pelotas... ¡Qué poco hemos cambiado en 5.000 años!

61

¿HABÍA CHISTES EGIPCIOS?

En el Egipto de los faraones eran muy dados a gastar **bromas** y a hacer travesuras. ¿Cuántas veces has gastado una broma a un amigo colocándote detrás de él y llamándole para que se dé la vuelta y se lleve un susto morrocotudo? ¿O incluso, siendo más malvados, que se dé la vuelta y al hacerlo le manchas la cara con pintura...? Pues esto ya lo hacían los egipcios.

En la tumba de **Ipy** en Deir El Medina, Luxor, una pintura representa la construcción de una capilla de madera. Dos de los obreros parecen estar bromeando. Uno lleva un pincel de pintura y toca el hombro del compañero que tiene delante de él. Cuando este se da la vuelta, tiene el pincel en todos los morros. ¡Toma esa!

Pero ahí no queda todo. **Ellos también hacían viñetas**, historias divertidas en donde contaban cosas que les parecían ilógicas, lo que se salía de lo que entendían como natural o normal. Imagínate un mundo dominado por ratones en el que el rey es un ratón y los gatos son los siervos. Pues nos han dejado varios dibujos de ese estilo, ¡aunque ese a mí no me hace ninguna gracia!

Hay **caricaturas de faraones barrigudos** tocando la flauta. En otros podemos ver a un gato haciendo de pastor, llevando patos y gansos; un ratón faraón siendo atendido por un gato que hace de sirviente, o algo totalmente increíble, un león con cara de estar divirtiéndose un montón, jugando con una cabra al *senet*. Ahí queda eso.

¿CÓMO SE CREÓ EL PRIMER CALENDARIO?

Sabías que el calendario que empleamos se basa en el de los antiguos egipcios? Se trata de un **calendario solar**, es decir, que usa el tiempo que tarda la Tierra en recorrer su órbita alrededor del Sol.

Para los egipcios, el año estaba dividido en 12 meses de 30 días cada uno. Como resultado de la suma de todos ellos tenemos un total de 360 días. ¡Casi como nosotros!

Hoy sabemos que la Tierra tarda exactamente 365,24219879 días en recorrer por completo la órbita del Sol. Para completar este ciclo, como el calendario egipcio tenía en principio solo 360 días, añadieron 5 días más, llamados *epagomenales*, para terminar el ciclo. Estos días estaban relacionados **con la mala suerte y toda clase de peligros**, por lo que eran días nefastos, días malos durante los que los egipcios preferían quedarse en casa.

Cada mes se dividía, a su vez, en 3 semanas o decanatos, de 10 días. Además, la jornada se dividía en 24 horas, siendo el día, de 12 horas y otras 12 para la noche. Todos sabemos que no hay 12 horas de luz y otras tantas de oscuridad, por lo que el concepto de día y noche que tenían los egipcios es un poco diferente al nuestro. Esto lo reflejaron muy bien en sus libros religiosos en donde describen esas 12 horas de oscuridad que atraviesa el Sol antes de alcanzar el final del camino y volver a nacer.

SI NO HAY SOL, ¿CÓMO MEDÍAN EL TIEMPO POR LA NOCHE? EMPLEABAN UN ENORME VASO DE PIEDRA O CERÁMICA QUE LLENABAN DE AGUA. HACÍAN VARIOS AGUJEROS EN FILA DE ARRIBA ABAJO. MARCABAN EL TIEMPO QUE TARDABA EN SALIR EL AGUA Y DE ESTA MANERA PODÍAN CONTROLARLO POR LA NOCHE QUE NO HABÍA SOL.

¿IBAN AL MÉDICO?

Los antiguos egipcios fueron famosos por tener **los mejores médicos del mundo.** Su conocimiento del cuerpo humano a partir de la momificación y el trabajo de los médicos curando heridas en el campo de batalla hizo que fueran muy populares. No en vano, todos los reyes del momento querían tener un médico egipcio en su servicio personal.

No solamente contaban con remedios y pócimas que son idénticos a lo que hoy consiguen las **farmacias**, sino que además consiguieron diseñar herramientas para operaciones que son muy parecidas a las que podemos ver en los quirófanos de los hospitales. Pinzas, tenazas, bisturíes, tijeras... ya se conocían en el antiguo Egipto y han llegado hasta nosotros gracias al descubrimiento de tumbas de médicos que hicieron que enterrasen con ellos para seguir usándolos en el Más Allá.

Pero lo más sorprendente de todo es lo que nos cuentan en los papiros médicos. En ellos se nos habla de **enfermedades**, síntomas que podría mostrar el enfermo y, lo más importante de todo, el remedio para poder curarlo. Algunos están a medias entre la ciencia y la magia, pero la inmensa mayoría están basados en la experiencia y en el conocimiento que tenían de plantas medicinales.

La presentación de las **enfermedades y sus remedios** cuenta siempre con una frase, que explica lo que el médico puede hacer: «Es una enfermedad que yo trataré. Es una enfermedad contra la que lucharé».

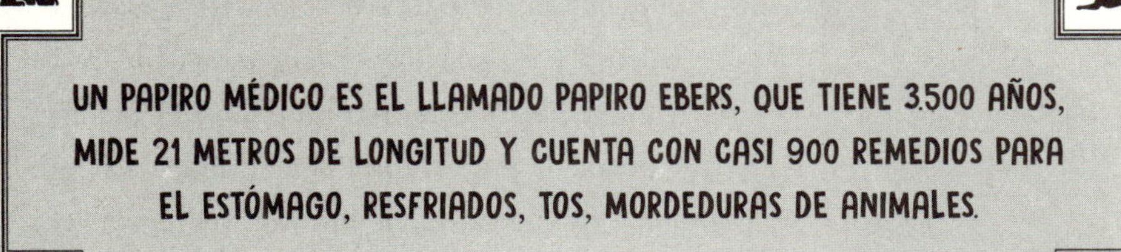

UN PAPIRO MÉDICO ES EL LLAMADO PAPIRO EBERS, QUE TIENE 3.500 AÑOS, MIDE 21 METROS DE LONGITUD Y CUENTA CON CASI 900 REMEDIOS PARA EL ESTÓMAGO, RESFRIADOS, TOS, MORDEDURAS DE ANIMALES.

¿GUARDABAN LA ROPA EN ARMARIOS?

Cuántas veces te ha dicho tu madre que tienes la habitación hecha unos zorros? Seguro que más de una vez. Pero tranquilo, que a los niños egipcios también les pasaba, aunque lo tenían mucho más fácil que tú. No porque fueran más cuidadosos u ordenados, que seguro que no lo eran, sino porque tenían pocas cosas. No te imagines una habitación llena de muebles, juguetes, cacharros, cajones a rebosar, armarios llenos de ropa... Tampoco tenían perchas para colocar la ropa. Seguramente solo tendrían uno o dos vestidos como mucho. Lo suficiente para tener uno puesto mientras se lavaba el otro.

Las pocas **cosas que tenían las solían ordenar dentro de arcones** o baúles de madera que muchas veces se decoraban con pinturas de colores o incrustaciones haciendo dibujos geométricos muy sencillos o escenas más complejas. Lo que pasa es que, al principio, solo conocíamos estos baúles gracias a las pinturas de las tumbas. ¡Hasta que Howard Carter descubrió en 1922 la tumba de Tutankhamón!

Había arcones de todos los tamaños. En su interior se colocaban, siempre bien doblados y apilados, vestidos, telas, guantes, calcetines, la ropa interior (¡¡¡conservamos los **calzoncillos** de Tutankhamón!!!) y todo lo que pudiera usarse a diario. Otros arcones se usaban para guardar collares, anillos y otro tipo de joyas u objetos preciosos como espejos.

En las cocinas era más sencillo, ya que se empleaban sobre todo enormes **tinajas de cerámica** para guardar el agua o los alimentos. Algunas de ellas tenían en la tapa el nombre de lo que había en su interior. Exactamente igual a lo que hacemos hoy con los tápers del congelador.

¿DESAYUNABAN CEREALES LOS EGIPCIOS?

Alguna vez te has preguntado qué comían los antiguos egipcios? ¿Desayunaban cereales con leche como tú? Pues no del todo, pero no andas desencaminado. La **agricultura**, es decir, los cultivos y la comida que viene del campo, era una de las partes más trascendentales de la cultura egipcia, de ahí lo importante que era controlar las crecidas del Nilo que estudiábamos en los primeros capítulos del libro.

El alimento principal de los antiguos egipcios eran **los cereales**, como el trigo (con lo que se hace el pan, por ejemplo) o la cebada, que se usaba para hacer cerveza. La razón por la que bebían cerveza es que, en realidad, se trataba de un alimento más. Como sabemos, la cerveza egipcia no era tan líquida como la nuestra y contaba con una serie de nutrientes por los ingredientes con que estaba hecha que la convertían en sí misma en un alimento.

El año egipcio contaba con **tres estaciones.** La siembra comenzaba en la estación de ***peret***, entre los meses de octubre y marzo y se recogía en la estación de ***shemu***, entre marzo y junio. La tercera, ***akhet***, de junio a octubre, era la estación de la inundación en la que los campos se cubrían de agua y era necesario hacer canales para aprovecharla y preparar el campo para la siembra. Esta parte era una de las más importantes ya que de esa agua dependían luego los cultivos. Los antiguos egipcios empleaban una máquina llamada *shaduf*, que con un simple contrapeso era capaz de mover agua de un canal a otro por medio de una gran tinaja de barro.

Por las pinturas y relieves en **las mesas de ofrendas** que se hacían a los difuntos sabemos que también cultivaban lentejas, cebollas, lechugas, pepinos, puerros, y frutas como dátiles, uvas...

Fue ese control de las crecidas lo que hizo que los antiguos egipcios pudieran tener dos o tres cosechas al año. Piensa que normalmente nosotros tenemos una y con un montón de ayudas y tecnología... Ellos sí que sabían.

66

¿QUÉ COMÍAN EN EL ANTIGUO EGIPTO?

Sin temor a equivocarme, te puedo decir que los antiguos egipcios **comían mejor que nosotros**. Bueno, los antiguos egipcios y cualquier pueblo de la Antigüedad. En aquella época no había comida basura y todo el mundo, más o menos, tenía algo que llevarse a la boca. Si faltaba para el pobre era porque la crecida del Nilo no había dado suficiente para llenar los canales que nutrían los campos de cultivo. Pero lo normal es que todo fuera bien, luego los campos de cultivo ofrecían ricas viandas para poder degustarlas en las cocinas de las casas.

La base de la comida era **el pan y la cerveza.** Sí, la cerveza. Pero no te imagines que es como la que toman a veces algunos adultos, un líquido amarillo con espuma y bien frío. Al contrario, la cerveza en Egipto era muy densa, casi como una pasta y aunque tenía alcohol porque la cebada estaba fermentada, no podían enfriarla de ninguna manera. Pero daba igual, se tomaba casi a cucharadas y, lo más importante, era un gran alimento que en definitiva es lo que se buscaba.

El **pan era de trigo**, muy parecido al que tenemos hoy. El problema estaba en la extracción de la harina. En aquella época no había molinos refinados como los que hay ahora. Los que empleaban eran de piedra, dura como el granito, que no solo abrían las semillas del trigo, sino que acababan mezclando pequeñas piedras que finalmente iban al pan. Esta es la razón por la que encontramos que muchas momias, incluso las de los faraones, **tenían problemas en los dientes.** ¿Te imaginas comer pan con arena? ¡Puaj!

En las mesas de ofrendas que hay en las pinturas de las tumbas podemos ver toda clase de vegetales como pimientos, pepinos, lechugas, nabos, cebollas, lentejas, con los que seguro hacían ensaladas riquísimas.

La dieta se completaba con peces del Nilo y carne, que debía de ser lo más caro, igual que hoy. Ellos tenían vacas, cabras, gallinas, patos, de los que extraían alimentos ricos en proteínas.

¿SE ENVIABAN EMAILS EN EGIPTO?

No, mucho me temo que a los egipcios aún les quedaban bastantes miles de años para conocer los emails. Pero, como el todo mundo, **se mandaban cartas y mensajes** unos a otros. ¿Cómo lo hacían? ¿Cómo eran sus cartas? ¿Había servicio de correos?

Pues tenemos que imaginar que sí, y digo imaginar porque realmente no lo sabemos. Recuerda cuando hablábamos en otro capítulo sobre las personas que vivían en las ciudades o aldeas, decía que lo normal es que no salieran nunca de esos lugares. Si alguien quería enviar un mensaje lo hacía en la misma aldea y para eso o iba él en persona a comunicarlo o bien mandaba a alguno de los hijos a hacerlo.

¿Y los faraones? Lógicamente **el faraón tenía contactos fuera de la capital**, en otras ciudades del país y, por supuesto, en otros países vecinos. Para llegar hasta allí usaba a personas que se dedicaban a viajar con una noticia bien memorizada para que nadie pudiera robarla o escrita sobre una tablilla de barro. Hoy usamos el inglés para comunicarnos con otros países, pero en aquella época la lengua que se empleaba era el acadio, una lengua de Mesopotamia, lo que hoy es Irak, con una escritura muy extraña llamada **cuneiforme.** Recibe este nombre porque **las «letras» son cuñitas** hechas con un punzón. El tiempo que podía tardar un correo en ir desde Egipto hasta la capital de los hititas, en Turquía, era de ¡varias semanas! Bastante más lento que un wasap, ¿verdad?

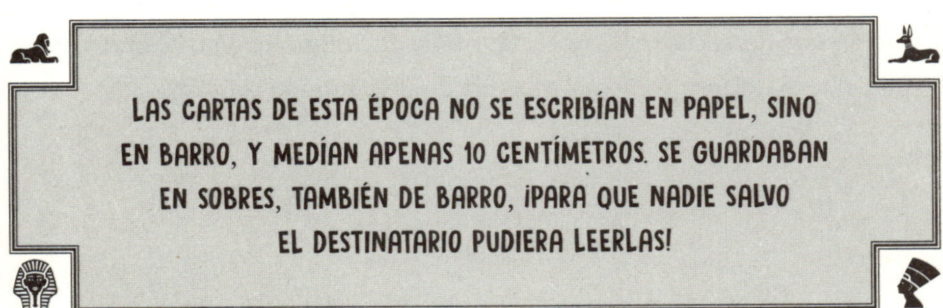

LAS CARTAS DE ESTA ÉPOCA NO SE ESCRIBÍAN EN PAPEL, SINO EN BARRO, Y MEDÍAN APENAS 10 CENTÍMETROS. SE GUARDABAN EN SOBRES, TAMBIÉN DE BARRO, ¡PARA QUE NADIE SALVO EL DESTINATARIO PUDIERA LEERLAS!

¿POR QUÉ TENÍAN HIERRO VENIDO DE LAS ESTRELLAS?

Ya te he contado que los egipcios **planeaban las pirámides** con mucho cuidado para que se alineasen con las estrellas, y que parte de sus mitos sobre la muerte ocurrían en el cielo, cuando las almas navegaban de un lado al otro. No se puede negar que los antiguos egipcios **veían a sus dioses entre las estrellas**, y todo lo que viniera de allí era sagrado o considerado un regalo de los dioses. Es el caso de los meteoritos. Un meteorito es el fragmento de un cuerpo celeste que cae sobre la Tierra. En muchas ocasiones están compuestos de metal, como el hierro. A diferencia del hierro que hay en la Tierra, el **hierro «estelar»** tiene un alto contenido en níquel. Por eso los químicos que lo analizan y observan la presencia del níquel saben de inmediato que se trata de hierro procedente de un meteorito, es decir, hierro extraterrestre.

Cuando se descubrió la tumba de Tutankhamón, entre las vendas de la momia apareció **una daga de hierro**. En un principio se creía que era hierro mineral, es decir, extraído de una mina terrestre. Pero llamaba la atención que, en una época tan temprana, el año 1330 a.C. ya hubiera trabajo del hierro mineral. Por eso cuando se analizó la hoja del cuchillo se descubrió que era hierro tomado de un meteorito.

Los egipcios creían que eran un mensaje o un regalo de los dioses y tomaron de los restos de los **meteoritos** todos los materiales que pudieran aprovecharse. En otras ocasiones tomaron piedras fundidas por el calor de la colisión del meteorito. En un pectoral, una joya para colgar en el pecho, que apareció también en la tumba de Tutankhamón, se descubrió una extraña piedra verdosa que venía de una antigua colisión.

¿TENÍAN MASCOTAS?

Ojo, que igual éramos las mascotas quienes les teníamos a ellos, ¿eh? Que para los egipcios **los gatos éramos sagrados**, ¡casi dioses! Y les gustábamos mucho más que los perros. Aunque, bueno, ellos también eran muy majetes.

Aunque los gatos o los perros fueran manifestaciones de dioses, eso no significa que finalmente las **mascotas domésticas**, las que se tenían en casa o se iba a pasear con ellas, no fueran realmente verdaderos amigos. Si tienes perro, gato, periquito o hámster, por ejemplo, sabes que con el tiempo se convierten en uno más de la familia.

No son pocas las representaciones del dueño de una tumba junto a su esposa, sentados ante una mesa de ofrendas en donde, bajo la silla, un gatete o un monete están haciendo de las suyas. Acuérdate del cariño que tenía el príncipe Tutmosis por su gata Ta-Miu que, cuando murió, la enterró con todo el cariño y le hizo un lujoso sarcófago de piedra para que también pudiera disfrutar de su viaje al Más Allá, al Más Allá de los gatetes.

Lo mismo podemos decir de **Intef II y sus perros**, un faraón de la XI dinastía que vivió hace casi 4.000 años. Aparecen representados en los relieves de su tumba de Tebas. Lamentablemente esta llegó hasta nosotros saqueada en su totalidad y no conservamos sus momias, pero estoy seguro de que fueron enterrados con él. Eso sí, alcanzaron la vida eterna porque sus nombres fueron grabados sobre los relieves de la tumba y hoy los podemos pronunciar. Se llamaban Behekay, que significa «gacela», Abaqer, que lo podemos traducir como «galgo» y Pehetes, es decir «negro», seguro que por su pelaje.

70
¿LLORAR ERA UNA PROFESIÓN?

Suena a trola, ¿verdad? Si alguien a quien quieres se muere, es normal llorar, todos los hacemos. Pero ¿de verdad había gente que se dedicaba a eso? ¡Pues sí! **Las plañideras.** Era muy común que, en los funerales egipcios, cuando se trasladaba el cuerpo del difunto de la casa al cementerio, varias mujeres a las que se pagaba por llorar acompañasen a los familiares mientras gritaban y sollozaban.

Conservamos varias pinturas en tumbas en donde aparecen estas plañideras. Solían cerrar la procesión de **porteadores de los objetos** que se iban a depositar en el interior de la tumba. Por ejemplo, en la de Ramose, un alto funcionario del reinado de Amenofis III, hacia el 1340 a.C., encontramos una de las representaciones más hermosas. En la pared sur de la cámara funeraria podemos ver a un grupo de plañideras. Todas se llevan las manos a la cara, mostrando su dolor a la momia de Ramose.

Unas están de pie con los brazos en alto y **otras lloran desconsoladas** de rodillas en el suelo, llevándose tierra al rostro. Pero si nos fijamos con atención en el rostro de las jóvenes, ¡podemos ver incluso las lágrimas! Estas eran representadas con unas líneas de puntos que descienden desde los ojos hasta la barbilla.

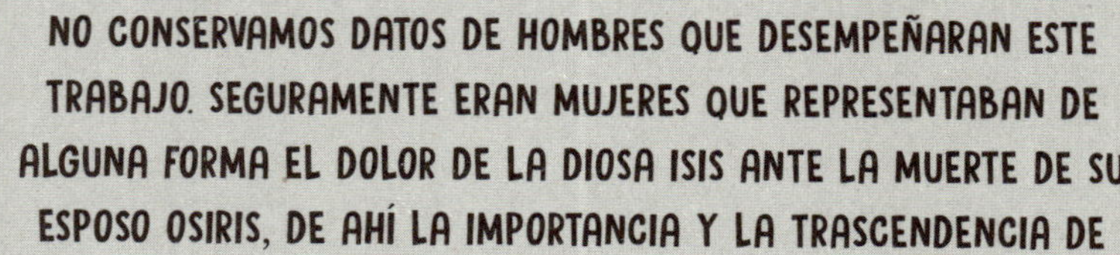
NO CONSERVAMOS DATOS DE HOMBRES QUE DESEMPEÑARAN ESTE TRABAJO. SEGURAMENTE ERAN MUJERES QUE REPRESENTABAN DE ALGUNA FORMA EL DOLOR DE LA DIOSA ISIS ANTE LA MUERTE DE SU ESPOSO OSIRIS, DE AHÍ LA IMPORTANCIA Y LA TRASCENDENCIA DE ESTAS MUJERES EN EL FUNERAL.

¿INVENTARON LOS EGIPCIOS LAS HUELGAS?

Más de una vez no habrás podido coger el tren porque los trabajadores estaban en **huelga**, o no habrás ido al cole porque tus profes tampoco lo han hecho. ¡Seguro que tú mismo has hecho huelga alguna vez cuando algo te parece injusto! ¿A que sí?

Esta facultad que hoy tienen los trabajadores para luchar por sus derechos nace en el siglo XIX, hace más de 150 años. En aquel tiempo el mundo empezaba a llenarse de fábricas y el trabajo en ellas era muy duro. Eran muchas horas de trabajo y poco dinero a cambio. Algunos obreros se juntaron en grupos y se negaron a trabajar hasta que les dieran más sueldo y días de descanso (¿te imaginas no tener vacaciones nunca?).

Pues bien, **la huelga nace en realidad en el antiguo Egipto.**

Contamos con un papiro de la época de Ramsés III, hacia el 1100 a.C. en donde los trabajadores de la aldea de Deir El Medina, que excavaban las tumbas del soberano en el Valle de los Reyes, dejaron de recibir su sueldo (que no era dinero, ¿recuerdas que no tenían? Les pagaban en sacos de trigo con los que se alimentaban y podían también intercambiar por otros alimentos u objetos).

Lo que decidieron para llamar la atención de las autoridades y del propio faraón fue dejar de trabajar hasta que se les entregara lo que se les debía. Pero ahí no es todo. Para presionar más, marcharon todos juntos al palacio de Ramsés III e hicieron **una sentada.** Los obreros dijeron que de allí no se movían hasta que se les pagara los sacos de trigo que se les debía. Fue una protesta pacífica que tuvo sus frutos porque consiguieron su objetivo.

Conservamos un papiro, el llamado **Papiro de la Huelga**, que se conserva en Turín en el cual se relata toda esta historia. Al final, los obreros recibieron los sacos de trigo que se les debía y retomaron sus trabajos al día siguiente. ¿Moraleja? ¡Hay que luchar por lo que quieres!

¿ME DAS PAPIRO Y CAÑA, ESTO... PAPEL Y BOLI?

Aunque estamos viviendo una era digital en la que las pantallas táctiles, los móviles o los ordenadores tienen un gran protagonismo, seguro que **también sigues usando papel y boli para escribir**. En el antiguo Egipto, ellos usaban su papel y boli especiales, es decir la caña y el papiro. Estos eran los utensilios que utilizaban especialmente los escribas, esto es, las personas que se dedicaban a copiar textos en los templos o en cualquiera de las oficinas del faraón.

Las **hojas de papiro** estaban hechas de una planta que crecía en las orillas del Nilo. Es una planta muy fácil de tratar con un curioso tallo en forma de triángulo, no redondo como la mayoría de las plantas. El tallo se pelaba y se cortaba en tiras muy finas. Trenzando unas con otras obtenías una primera hoja de papiro que se colocaba bajo una prensa, o sea, una piedra que hacía que las tiras acabaran de secarse y se pegaran unas a otras. Pasados unos pocos días, lograbas tener una hoja de papiro resistente, lista para ser usada.

La tinta la fabricaban con carbón y algún aglutinante, como la goma arábiga, clara de huevo o incluso agua y vinagre. La tinta roja que también usaban en los textos se extraía del ocre. Mojaban unas cañas de madera, unos palitos delgados y largos, en la tinta y escribían sobre el papiro.

EN MUCHAS OCASIONES, COMO EL PAPIRO ERA UN MATERIAL BASTANTE CARO, EMPLEABAN TROZOS DE PIEDRA, SOBRE LAS QUE SE ESCRIBÍA O DIBUJABA, DE ESTA FORMA NOS HAN LLEGADO MONTONES DE DIBUJOS, BROMAS, CARICATURAS Y, EN ESPECIAL, COPIAS DE TEXTOS ANTIGUOS NORMALMENTE HECHAS POR ALUMNOS PARA MEMORIZARLOS O SOLO PARA PRACTICAR LA ESCRITURA.

¿TENÍAN PISCINAS EN CASA?

Antes te he contado cómo era la casa de la gente normal en el antiguo Egipto, pero ¿y las de los ricos? Imagínate ahora uno de esos chalets gigantescos, con jardín y piscina. ¿Eran iguales en Egipto? Pues no del todo, pero no vas muy desencaminado.

Una casa de una familia pudiente era realmente mucho más grande que la de un ciudadano normal. Las llamamos **villas** porque en algunas ocasiones son casi como una miniciudad, en donde vivían los señores, su familia y los sirvientes. Y, además, había **una gran piscina en el patio** principal de la casa para poder refrescarse en verano.

Las **excavaciones arqueológicas** nos han permitido conocer cómo eran las grandes mansiones de los ricos egipcios. En la ciudad de Akhetatón, la ciudad levantada por el faraón Akhenatón, se han excavado algunas que son enormes. Suelen tener un muro que la rodea, demarcando así el espacio de la villa. En el centro hay un enorme patio que era el centro para el resto de la casa. En él solía haber una **piscina llena de peces**, rodeada de frondosa vegetación.

Era como tener un trozo del Nilo, pero dentro de casa. A su alrededor se levantaba la propia casa, que solía tener una planta baja y otra superior para los sirvientes. Pero aun así no te creas que las habitaciones eran muy grandes. Lo que sí tenían, y era precioso, eran columnas que sujetaban el techo.

POR LAS PINTURAS DE LAS TUMBAS SABEMOS QUE EN LOS JARDINES TENÍAN SILOS, ENORMES DESPENSAS PARA ALMACENAR EL GRANO, Y ASÍ PODER HACERSE SU PROPIO PAN, Y TAMBIÉN CAPILLAS PARA ADORAR A LOS DIOSES SIN NECESIDAD DE IR AL TEMPLO.
¡COMO CIUDADES EN MINIATURA!

74

¿QUIERES CONOCER AL CAMPESINO MÁS CONVINCENTE?

Seguro que más de una vez has tenido que convencer a tus padres de que tú no habías roto algo, ¿verdad? ¡Qué injusticia! Pues lo mismo le pasó a **Khun-Anup**, uno de los campesinos más famosos del antiguo Egipto y protagonista de una historia muy curiosa que nos ha llegado gracias a los papiros.

La historia nos habla de Khun-Anup, un campesino elocuente, es decir, que hablaba bien, con soltura y de manera muy educada. Khun-Anup fue al mercado con sus burros cargados de mercancías para poder intercambiarlos por otros productos para su familia. Nemtynakht, un malvado alto funcionario de la corte, observó que su vecino pasaba con frecuencia con los burros cargados e ingenió una maldad para hacerse con sus propiedades acusándole injustamente de entrar en su tierra. **El funcionario lo mandó detener** acusándole de haber entrado sin permiso y diciendo que los burros habían comido de su cultivo.

Imaginaos la cara que se le quedó al pobre campesino ante aquella injusticia. El hombre no se asustó de las amenazas del malvado funcionario y decidió reclamar a los superiores de Nemtynakht. Este tampoco lo temía ya que pensaba que un humilde campesino no tenía nada que hacer contra él. Pero he ahí la sorpresa de todos cuando Khun-Anup empezó a explicar lo sucedido con elocuencia, con una educación exquisita y con un lenguaje rico que dejó a todos boquiabiertos. **El hecho llegó a oídos del faraón** y mandó que trajeran al campesino elocuente a su palacio. El rey disfrutó de la charla de aquel humilde hombre y, tras escuchar los alegatos y las pruebas que presentó, decidió darle la razón, hacer justicia y castigar a Nemtynakht convirtiéndole en sirviente de su vecino, el campesino elocuente.

La justicia siempre prevalece.

LA FAMILIA REAL

¿QUÉ SON LAS DINASTÍAS DE LOS FARAONES?

Hoy decimos que una **dinastía** es una familia. Tú tienes hermanos, padres, tíos, primos... que pertenecéis a la misma familia, es decir la misma dinastía. Sin embargo, el significado de dinastía cuando hablamos del antiguo Egipto es un poquito diferente. Quien lo empleó por primera vez fue el sacerdote **Manetón**, del siglo III a.C. Fue muy famoso por escribir un libro titulado ***Aegyptiaca***. En él contaba los acontecimientos más importantes protagonizados por los egipcios desde los orígenes, la época de las pirámides, hasta el momento que le tocó vivir, la dinastía o familia de los ptolomeos, casi al final de la historia del antiguo Egipto.

Manetón fue el primero en hablar de dinastías, un término de origen griego que hace alusión a los **gobernantes que tienen un origen común**, ¡no necesariamente porque pertenecían a la misma familia! Uno podía llegar al trono si un faraón no tenía hijos y el poder lo heredaba el jefe del ejército, por ejemplo, tal y como sucedió en varias ocasiones a lo largo de la historia de los faraones. De hecho, en el antiguo Egipto hubo ni más ni menos que ¡31 dinastías distintas!

Por desgracia, la obra de Manetón se ha perdido, pero muchos otros autores mencionan sus listas de dinastías gracias a que no escribió en egipcio, sino en griego, la lengua que se usaba en su tiempo. Pero Manetón no es la única fuente para conocer a los faraones antiguos: en varios templos y papiros se han conservado listas reales, que son literalmente eso, listas de reyes que hicieron los propios egipcios antiguos. ¡Pero ojo, que no siempre te puedes fiar! A veces falsificaban los nombres para presentarse como reyes legítimos, y a veces hay reyes que aparecen en unas listas y en otras no. ¡Todo un enigma!

¿DÓNDE VIVÍAN LOS FARAONES?

Seguro que en las casitas diminutas de habitaciones pequeñas que hemos comentado antes no, ¿a que eso es lo que estás pensando? ¡Pues te sorprenderías! Los **palacios reales** no eran como te los imaginas... aunque no me extrañaría que también tuvieran piscina.

Los palacios de los faraones que han llegado hasta nosotros no son muchos. Conservamos especialmente los que se quedaron en estas ciudades abandonadas o los palacios más pequeños que a modo de casa de descanso se hacían construir junto a los grandes templos.

En la antigua capital de Ramsés II en Pi-Ramsés, construida en el norte de Egipto, en el Delta, conservamos **los restos del palacio con instalaciones enormes** para los caballos, los carros, almacenes, y un montón de cosas más.

Pero uno de los mejores ejemplos es el del faraón Ramsés III quien levantó un hermoso palacio junto a su templo funerario en Medinet Habu. Allí podemos ver que el palacio no era de grandes dimensiones y la distribución interna es un poco confusa. Pero sí podemos saber cómo era la **sala del trono**, mucho más pequeña de lo que imaginas. Apenas era más grande que el salón de tu casa y en el centro había dos enormes columnas, lo que impedía que se pudiera ver bien al rey. Eso sí, el trono estaba colocado sobre una pequeña escalinata para que quien fuera a ver al faraón lo viera desde abajo. Ah, y como todo estaba pensado, junto a la sala del trono había un baño que ha llegado hasta nosotros en buenas condiciones. Sí, el faraón sería un dios, pero si había bebido antes mucho, debía ir al baño como todo el mundo...

77

¿PUEDE UNA MUJER SER FARAÓN?

Cuando los primeros egiptólogos llegaron a Egipto en el siglo XIX para copiar textos y traducirlos, se llevaron una gran sorpresa. Al entrar en algunas capillas del templo de Deir El Bahari, que entonces no sabían a quién pertenecía, no salían de su asombro al ver la representación de dos hombres. Uno tenía un nombre masculino, Tutmosis, y el otro tenía **un nombre femenino** y todos los apelativos hacían referencia a una chica: **Hatshepsut**, literalmente, «la primera entre los nobles». No tardaron en darse cuenta de lo que estaba sucediendo. Al ver en más lugares ese nombre, en unas ocasiones junto a representaciones de una mujer y luego junto a las de un hombre, dedujeron que aquella mujer era en realidad un faraón, o mejor dicho, una reina faraón.

Hoy nos cuesta entenderlo, **pero los faraones solamente podían ser hombres.** Si eras mujer y heredabas el trono de Egipto debías vestirte como un hombre, ya que así era la decisión de los dioses. Seguías siendo una mujer, pero tu ropa sería lo que hoy entendemos como masculina.

Hatshepsut era hija del faraón Tutmosis I. A la muerte de este se casó con su hermanastro Tutmosis II quien duró poco tiempo en el trono. En condiciones normales, el trono debía de haber pasado a su sobrino, pero como era todavía un niño, **ella decidió ser reina-faraón**, dejando al pequeño Tutmosis III a un lado.

Y la verdad es que no lo hizo nada mal. Al contrario, los 20 años del reinado de Hatshepsut son uno de los periodos de paz y crecimiento más importantes de la historia de Egipto. Hasta nosotros han llegado muchos monumentos, algunos increíbles, como su templo funerario en Deir El Bahari o la Capilla Roja del templo de Karnak. Construcciones bellísimas que solo se pueden entender en una época de estabilidad como lo fue el reinado de Hatshepsut.

¿Qué te parece? ¿Conocías a esta mujer-faraón?

¿QUIÉN ERA DJEHUTY?

Hatshepsut fue **una reina-faraón magnífica**, ¡pero no lo consiguió todo sola! Para que Egipto fuera tan bien como ocurrió, necesitó a un equipo de gente que la ayudara y que, aunque no fueran nobles, vivirían muy bien en la corte. Uno de estos personajes, Djehuty, era uno de ellos. Él era el tesorero, como el ministro de Economía, de la reina Hatshepsut y vivió en una de las épocas más brillantes de la historia de Egipto.

¿Sabes que en realidad **Djehuty** es la forma egipcia de llamar a Thot, el dios de las letras, la magia y los números? Thot es el nombre griego, aunque es mucho más fácil de pronunciar. ¡Ya te puedes imaginar lo inteligente que era Djehuty para que le pusieran el nombre de un dios!

Su tumba está en la necrópolis de Dra Abu El Naga y lleva siendo excavada por un equipo español dirigido por el egiptólogo José Manuel Galán desde el año 2002 (este equipo pertenece a un proyecto llamado precisamente **Proyecto Djehuty**). En ella, Djehuty nos cuenta algunas de las cosas importantes que hizo en vida. Allí podemos ver escenas de una expedición comercial hasta la lejana tierra de Punt, de donde trajo artículos de lujo como marfil, incienso o animales exóticos (panteras, jirafas, monos, etc.).

No sabemos por qué, pero Djehuty debió de tener muchos enemigos. **Cuando entras en su tumba** su nombre aparece borrado por todas partes y su cara fue machacada de los relieves. Sin embargo, no han conseguido que hoy 3.500 años después dejáramos de hablar de él.

¿SABÍAS QUE EL EQUIPO ESPAÑOL DEL PROYECTO DJEHUTY TIENE UNA MASCOTA? SE LLAMA TUTU Y ES UN PERRO QUE ADOPTÓ EN 2022. NORMALMENTE VIVE EN MADRID, PERO TODOS LOS AÑOS VIAJA CON EL EQUIPO HASTA LUXOR CON LAS NUEVAS CAMPAÑAS. PUEDES SEGUIR LAS AVENTURAS DE TODO EL EQUIPO EN PROYECTODJEHUTY.COM.

¿CÓMO VESTÍAN EN PALACIO?

Estoy segura de que, si vieras uno de los **vestidos egipcios** que se han conservado hasta hoy, lo confundirías con ropa moderna. ¡Son preciosos! Y es que sabemos muchísimo de cómo vestían. Conservamos infinidad de pinturas y relieves en donde vemos sus vestidos, sandalias, joyas... Es más, la sequedad del clima en Egipto ha permitido que hayan llegado hasta nosotros vestidos completos. ¿Te imaginas? Trajes que vistieron hombres y mujeres hace casi 4.000 años. A mí me parece increíble.

La gente de campo, la más humilde, solamente usaba un **faldellín** de paño basto para los hombres y un vestido para las mujeres. No solían llevar calzado ni tampoco joyas. Tenemos que imaginar que, para las **ocasiones especiales**, fiestas religiosas o celebraciones, empleaban vestidos más arreglados, pero no ha llegado nada hasta nosotros.

Por el contrario, la gente rica sí nos ha dejado pruebas de cómo eran esos ropajes. Las mujeres usaban **vestidos amplios hechos de lino**, en ocasiones casi transparente. ¡Qué vergüenza nos daría ahora! La parte superior de esas túnicas unas veces tenía mangas anchas y otras solamente contaba con dos tirantes. No es extraño ver a mujeres enseñando los pechos, era muy normal. En el caso de los hombres era muy similar. Un faldellín y por encima una camisa con mangas amplias, tal y como vemos en muchas pinturas de tumbas. Durante el Reino Nuevo se puso de moda plisar los tejidos, esto es, doblar el lino para que no se viera liso sino marcando unos dobleces verticales que podemos ver tanto en faldellines como en camisas.

El calzado era siempre **sandalias de cuero**, aunque si eras pobre probablemente las hicieras de papiro. ¡Algunas tienen diseños muy modernos y parece que las hayan hecho ayer mismo!

¿POR QUÉ AKHENATÓN FUE PERSEGUIDO?

Hay una etapa de la historia de Egipto de la que no sabemos casi nada. Es la llamada **época de Amarna**, hacia el 1350 a.C., protagonizada por Amenofis IV, llamado luego Akhenatón, y su célebre esposa Nefertiti.

Cuando Amenofis IV subió al trono, los sacerdotes del dios Amón contaban con un poder casi mayor que el del propio faraón. Y esto es algo que no le gustaba nada. Además, habían pasado por una época de peste, una pandemia como la del covid, pero mil veces peor, en la que murió mucha gente.

Para recuperar el control, **Amenofis IV prohibió el culto a Amón** y dijo que desde ese momento el dios más importante iba a ser Atón, una variante del dios Ra, el sol. Pero no se quedó ahí, se cambió de nombre por el de Akhenatón y trasladó la capital desde Tebas hasta una nueva ciudad que construyó en medio del desierto y que llamó (no lo confundas con su nombre) Akhetatón, literalmente, el horizonte de Amón.

Durante los diecisiete años que duró el reinado de Akhenatón hubo muchos cambios en la política, pero sobre todo en la religión. Se cerraron templos, se borró el nombre de Amón de relieves y pinturas y se persiguió todo lo que estuviera relacionado con él.

Cuando murió, el trono pasó a su hijo Tutankhamón (*¡plot twist!* ¿A que no te lo esperabas?), quien pronto volvió a abrir las puertas de los templos de Amón y devolvió el protagonismo a este dios tan importante de la religión egipcia.

A AKHENATÓN NO LE PERDONARON QUE ACTUARA ASÍ CON AMÓN, DE MODO QUE VARIOS AÑOS DESPUÉS SE INTENTÓ BORRAR TODO RASTRO DE SU REINADO. SE ATACARON SUS TEMPLOS Y SE BORRARON SUS RELIEVES Y ¡HASTA SU NOMBRE! POR ESTA RAZÓN, YA EN LA ANTIGÜEDAD, AKHENATÓN ERA LLAMADO EL FARAÓN HEREJE O EL GRAN PERVERSO O MALVADO COMO LEEMOS EN LOS TEXTOS ANTIGUOS.

¿DE VERDAD FUE NEFERTITI LA MÁS BELLA?

Nefertiti tampoco se salvó de la **persecución a Akhenatón**. ¿Qué sabemos de esta reina? En realidad, no mucho, salvo que era la Gran Esposa Real, es decir, la principal reina (¡los faraones egipcios podían tener muchas mujeres llamadas concubinas!). Entonces ¿por qué es tan famosa? Pues la respuesta es muy sencilla: por su belleza.

En 1912 se descubrió en la antigua ciudad de Akhetatón el taller de un escultor. Se llamaba Tutmosis y en una de las habitaciones del taller los arqueólogos encontraron cabezas que seguramente se empleaban como modelos para hacer estatuas de la familia real. Una de esas cabezas superaba con creces a todas las demás. **Se trataba del busto de una reina.** En realidad, no sabemos quién es porque el busto no tiene nombre, pero por la corona azul que lleva y su aspecto, idéntico a otras representaciones de la misma reina, no puede ser otra que **Nefertiti.** Es una de las esculturas más bonitas y elegantes del mundo antiguo.

¿A ti no te parece guapísima?

El propio nombre de Nefertiti es muy curioso. Podríamos traducirlo como «La belleza que nos ha llegado» (*nefer* es la palabra egipcia para referirse a lo bueno o lo bello). Esto ha hecho pensar a algún egiptólogo que podría ser una reina extranjera, sin embargo hoy sabemos que es falso. Hay evidencias que demuestran que **Nefertiti pertenecía a una rama de la familia real.** Egipcia de toda la vida, vamos.

Su vida también está rodeada de misterio. Hoy sospechamos que a la muerte de su esposo ella pudo gobernar como faraón, cambiándose de nombre y siendo entronizada como Esmenkare, algo parecido a lo que había hecho Hatshepsut pocos años antes.

No lo sabemos con certeza y todo ello es lo que hace de Nefertiti un personaje misterioso y apasionante.

¿QUÉ FARAÓN CONVIRTIÓ EGIPTO EN UN IMPERIO?

Recuerdas al pequeño **Tutmosis III**, el sobrino de Hatshepsut, cuyo trono ocupó la reina durante casi 20 años? Pues cuando por fin pudo reinar como faraón, se convirtió en **uno de los monarcas más importantes de la historia de Egipto.**

Si el reinado de su tía fue uno de los más estables y ricos, cuando llegó al poder Tutmosis multiplicó por cien todos los logros que había alcanzado Hatshepsut. El éxito que consiguió en sus conquistas ha hecho que hoy le denominemos **el Napoleón egipcio**, asemejándolo al emperador francés de los siglos XVIII y XIX que intentó conquistar toda Europa.

Tenemos registradas en el templo de Karnak diecisiete campañas militares exitosas de Tutmosis III. Todas ellas se llevaron a cabo en lo que hoy se denomina la franja Sirio-Palestina, donde encontramos Siria al norte e Israel al sur. Egipto se extendió por toda esta región llegando casi hasta la actual Turquía y se convirtió en la potencia militar más grande de su época.

Además, Tutmosis III se dedicó a asentar el gobierno en tierras del sur, la antigua Nubia, conquistando y controlando desde entonces las rutas comerciales que tantos beneficios le daban a Egipto. Con todo ello **puso las bases de un imperio** que no dejaría de crecer con los faraones que le sucedieron, especialmente Ramsés II, que lo admiraba muchísimo.

TUTMOSIS III ESTÁ ENTERRADO EN EL VALLE DE LOS REYES EN UNA DE LAS TUMBAS MÁS HERMOSAS Y CONSERVAMOS TAMBIÉN SU MOMIA. SU TEMPLO FUNERARIO, LEVANTADO EN LA ORILLA OESTE DE LUXOR, ESTÁ SIENDO EXCAVADO POR UNA MISIÓN ESPAÑOLA DIRIGIDA POR LA EGIPTÓLOGA SEVILLANA MYRIAM SECO.

¿DÓNDE ESTÁ ENTERRADA CLEOPATRA?

Hablar del antiguo Egipto es hablar de sus misterios. No es la primera vez que lo vemos en este libro, ¿verdad? Desconocemos muchas cosas de su historia y es por eso por lo que la egiptología es tan atractiva hoy. Uno de esos enigmas es **la ubicación de algunas tumbas** perdidas que, de conocerlas, podríamos rellenar muchos de los huecos con que cuenta la historia del antiguo Egipto.

Una de esas tumbas que aún están por descubrir es la de la reina **Cleopatra**, la última reina de Egipto. Murió en el año 30 a.C. y fue famosa ya en la Antigüedad por ser una mujer inteligente, sabia y entregada a la protección de su pueblo.

Cleopatra pertenecía a la dinastía de los ptolomeos, los gobernantes griegos que estuvieron en Egipto después de que Alejandro Magno lo conquistara en el 332 a.C. A lo largo de tres siglos, los **ptolomeos** se hicieron con el control absoluto de Egipto y como sucedió con Cleopatra se consideraban completamente egipcios, aunque su estirpe proviniera de Grecia.

Cuando murió, fue enterrada en el templo de Isis de Alejandría. No en vano ella era la gran sacerdotisa de esta diosa. Tiempo después las aguas del mar Mediterráneo que rodean la bahía de Alejandría cubrieron este templo y algunas otras partes de la ciudad, perdiéndose para siempre la ubicación de su tumba. Hay quien la ha buscado en otros lugares como en la ciudad de **Tabusiris Magna**, al oeste de Alejandría, pero se conoce que está bajo las aguas de Alejandría.

¿Te imaginas estar bañándote y de pronto encontrarte con una reina egipcia? ¿No sería fantástico?

¿QUIÉN FUE TUTANKHAMÓN, EL FARAÓN NIÑO?

Tutankhamón debió de nacer en algún momento hacia el año 1340 a. C. No estamos seguros de quiénes eran sus padres, pero seguramente fueron Amenofis IV, como hemos visto llamado también Akhenatón, y su bella esposa Nefertiti, aunque también es posible que fuera **su madre una reina secundaria llamada Kiya**. Es todo un enigma.

Sí conocemos que subió al trono con apenas 10 años (¡imagínate, rey con 10 años!) y que reinó hasta los 18 o 19, cuando murió por una infección en una herida de la rodilla izquierda. **Estuvo casado con su hermanastra, Ankhesenamón**, aunque no tuvieron hijos. Igual te suena un poco raro, pero en aquella época era bastante común en la realeza.

Como reinó siendo tan joven (casi de tu edad), se le conoce como el Faraón Niño. Se hizo célebre por los tesoros descubiertos en su tumba, de los que hablaremos en otro capítulo. Pero de su vida conocemos muy poco. Siempre se había dicho que fue un faraón enfermizo y, como en su sepultura aparecieron muchos bastones, se pensaba que era cojo, que tenía malaria, un pie torcido, etc. Pero hoy sabemos que todo eso es falso. La momia de Tutankhamón es la momia de un joven normal. Es más, conocemos por algunos relieves que hemos recuperado de algunos de sus edificios que participó en batallas y que estuvo guerreando en tierras de Asia.

¿CÓMO ES POSIBLE QUE SEPAMOS TAN POCO DEL FARAÓN MÁS FAMOSO DE EGIPTO? PUES PORQUE, AL SER HIJO DE UN HEREJE, AKHENATÓN (DE HECHO, CUANDO NACIÓ LO LLAMARON TUTANKHATÓN), SU NOMBRE Y SU HISTORIA TAMBIÉN FUERON BORRADOS DE LA MEMORIA EGIPCIA. HOY SIGUE SIENDO UN MISTERIO PARA NOSOTROS.

¿CONOCÍAS A SOBEKNEFERU, LA PRIMERA MUJER FARAÓN?

Creías que Hatshepsut había sido la primera mujer en convertirse en faraón? ¡Pues no! **Casi 300 años antes** hubo otra reina, mucho más misteriosa, que hizo casi lo mismo que ella. Vivió hacia el 1800 a.C. y su nombre era Sobekneferu o también Neferusobek. En los dos casos significa lo mismo: «la belleza del dios Sobek». Este dios es representado siempre con cabeza de cocodrilo y es uno de los más importantes del panteón egipcio.

Sabemos muy poco de **Sobekneferu.** Aparece en algunas listas de reyes y en otras no. Tampoco sabemos de dónde venía o cuál era su familia. Reinó como último faraón de la dinastía XII, esto es, el final del Reino Medio, pero no sabemos por qué llegó al trono. Debía de ser de la **familia real**, de lo contrario no podríamos explicar qué hacía allí gobernando Egipto. Quizá era la esposa de Amenemhat IV, el faraón que la precedió, y al morir, ella se hizo con el trono, algo muy parecido a lo que siglos después haría Hatshepsut. Pero, como te digo, todo esto son suposiciones.

¿Recuerdas **las estatuas de Hatshepsut con aspecto de hombre**, aunque fuera una mujer?

Pues con Sobekneferu lo vemos de una forma más clara. Tenemos algunas estatuas de esta reina en donde aparece vestida con traje de mujer, pero encima de sus ropas, todos los elementos son masculinos, propios de un faraón, como la barba, el faldellín, etc.

TAMBIÉN TENEMOS ESCULTURAS ROTAS Y EDIFICIOS MAL CONSERVADOS DEL REINADO DE ESTA REINA-FARAÓN. EL MÁS IMPRESIONANTE DE TODOS ESTÁ EN LA REGIÓN DE HAWARA, CERCA DEL OASIS DE EL FAYUM, DONDE HAY RESTOS DE UN EDIFICIO ENORME QUE LOS GRIEGOS DESCRIBIERON COMO UN LABERINTO, LLENO DE PATIOS, CÁMARAS, CAPILLAS Y CRIPTAS OCULTAS.

¿ES POSIBLE CONSEGUIR TODO CON REGALOS?

Ya hemos visto que la **economía de los antiguos egipcios era un poco rara.** No tenían dinero para comprar cosas, sino que lo hacían por medio del intercambio. ¿Alguna vez has negociado con tus hermanos que les harás la cama o arreglarás el cuarto para que no se chiven de algo? Ah, pues los egipcios inventaron esas negociaciones.

La diplomacia es el arte de las relaciones con pueblos extranjeros para conseguir objetivos beneficiosos para ambos. Cuando hoy un presidente visita un país extranjero o recibe una visita de fuera, en ambos casos se hacen regalos. Normalmente son productos típicos de cada lugar. De esta forma no solo agradas y sorprendes a tu invitado, sino que además le estás contando las cosas buenas que tiene tu tierra.

Esto que se sigue haciendo ahora ya se hacía en la Antigüedad y **los antiguos egipcios eran verdaderos magos de la diplomacia.** Es cierto que consiguieron conquistar muchos territorios extranjeros y construir un imperio enorme, pero también fueron capaces de llegar a acuerdos importantes por medio de regalos con algunos vecinos con los que era mejor llevarse bien antes que entrar en guerra con ellos.

El cuchillo de hierro que apareció entre las vendas de Tutankhamón es un buen ejemplo de ello. Seguramente fuera **un regalo del pueblo** de Mitanni a su abuelo, Amenofis III.

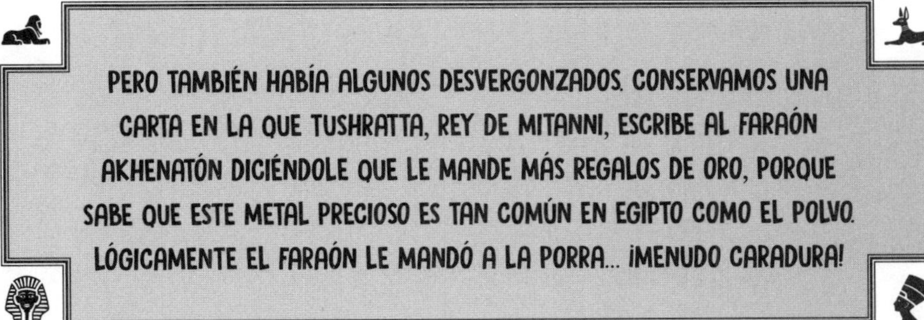

PERO TAMBIÉN HABÍA ALGUNOS DESVERGONZADOS. CONSERVAMOS UNA CARTA EN LA QUE TUSHRATTA, REY DE MITANNI, ESCRIBE AL FARAÓN AKHENATÓN DICIÉNDOLE QUE LE MANDE MÁS REGALOS DE ORO, PORQUE SABE QUE ESTE METAL PRECIOSO ES TAN COMÚN EN EGIPTO COMO EL POLVO. LÓGICAMENTE EL FARAÓN LE MANDÓ A LA PORRA... ¡MENUDO CARADURA!

¿CÓMO ERA LA VIDA DE UN PRÍNCIPE?

Hay cosas que nunca cambian: que **los príncipes viven mejor que cualquier otra persona** pasa ahora y también en el antiguo Egipto. Habían nacido en un lugar privilegiado, tenían una serie de derechos que no tenían otros chicos y chicas, vestían con ropas delicadas y seguramente tenían acompañantes que les otorgaban todo tipo de caprichos.

En las pinturas y los relieves los príncipes siempre aparecen representados con **una coleta en la parte derecha de la cabeza.** El resto del pelo lo tenían rapado, pero esa coleta infantil era característica de los príncipes. Su formación debía de ser dura precisamente para prepararse para el gobierno del país cuando fueran mayores. Debían ir a la Casa de la Vida, para aprender a leer y escribir. Debían también estudiar artes militares. En ocasiones podían aprender acadio, una lengua que era como el inglés de ahora. Con ella se comunicaban con los pueblos extranjeros. A medida que iban creciendo podían acompañar a su padre a las campañas militares.

Con todo, la vida de un príncipe o de una princesa no era fácil. Aunque tuvieran los mejores médicos, **la mortalidad era muy grande.** Muchos hijos de reyes morían por enfermedades que hoy nos resultan sencillas de curar, como una simple gripe.

EN EL CUENTO EGIPCIO *EL PRÍNCIPE PREDESTINADO*, EL FARAÓN RECIBE UNA PROFECÍA EN LA QUE LA DIOSA HATHOR LE AVISA DE QUE EL PRÍNCIPE MORIRÁ POR CULPA DE UN PERRO, UNA SERPIENTE O UN COCODRILO. EL FARAÓN, DESESPERADO, DECIDE ENCERRAR A SU HIJO EN UNA TORRE. PERO DE ESA FORMA TAMBIÉN LO ESTÁ MATANDO POCO A POCO. FINALMENTE, DECIDE DEJARLO EN LIBERTAD Y QUE SEA LA PROVIDENCIA QUIEN MARQUE SU PROPIO DESTINO.

88

¿ME ACOMPAÑAS A VISITAR LAS TUMBAS DE LOS FARAONES?

Dependiendo de en qué momento de la historia de Egipto nos encontremos, vamos a ver que las tumbas de los faraones estaban en un lugar o en otro. Estos espacios se llaman **cementerios o necrópolis** (literalmente «ciudades de los muertos», ¿a que mola?). En la época más antigua, el Reino Antiguo, hacia el 3000-2500 a. C. las necrópolis de las pirámides se encuentran **en la zona de Menfis**, muy cerca de la actual capital de Egipto, El Cairo. Sin embargo, más adelante, en el Reino Nuevo, hacia el 1500-1000 a. C. los enterramientos de los faraones se realizaban en un valle que hoy conocemos como Valle de los Reyes.

Como ya hemos visto en otro capítulo, este cementerio se encuentra **en la orilla oeste de Luxor**, en lo que llamamos la **Montaña Tebana.** Las tumbas siempre están en el lado izquierdo del río Nilo porque es la parte por donde se pone el sol: por ahí comienza la oscuridad y empieza el viaje por el mundo del Más Allá.

No sabemos quién fue el primer faraón que se hizo enterrar en el Valle de los Reyes, pero sí que fue a inicios de la dinastía XVIII. Lamentablemente muchas de las tumbas del Valle de los Reyes han llegado hasta nosotros saqueadas ya en la Antigüedad. La de Tutankhamón fue una excepción y **nos dio casi 5.500 objetos, muchos de ellos de oro.** Pero imagínate: si con un faraón que reinó apenas 10 años tenemos un tesoro de ese valor, ¿qué nos habríamos encontrado en tumbas de reyes más importantes como Tutmosis III o Ramsés II? A mí se me va la cabeza de solo imaginar los tesoros que podrían encontrarse en esas tumbas. ¡Con lo que me gusta el oro!

En 1939, al norte de Egipto, en la antigua ciudad de Tanis, apareció otra necrópolis de reyes. El arqueólogo francés **Pierre Montet** fue el descubridor de este sensacional yacimiento. **Las tumbas estaban intactas** y contenían sarcófagos de piedra o de plata con máscaras de oro de algunos faraones importantes de las dinastías XX y XXI, hacia el 1000 a. C. Eran las tumbas de soberanos como Psusenes, Osorkon, Shesonk, Takelot... Cuesta pronunciarlos, ¿verdad?

¿SABÍAS QUE RAMSÉS EL GRANDE TENÍA POR MASCOTA UN LEÓN?

Ramsés II, apodado el Grande porque fue uno de los faraones más importantes de la historia de Egipto. Ascendió al trono muy joven, con apenas 25 años, tras su padre, el faraón Seti I, y reinó durante ¡66 años! Bajo su gobierno, Egipto vivió una de las épocas más notables de su historia por la cantidad de conquistas que consiguieron, lo que trajo finalmente paz, estabilidad y riquezas para su país.

Hasta nosotros han llegado decenas de monumentos levantados durante su reinado. Por ejemplo, la sala de columnas del templo de **Karnak**, la entrada del templo de **Luxor** o, quizá el más conocido de todos, el templo de **Abu Simbel**.

En este templo podemos descubrir muchos de los hechos históricos que protagonizó **Ramsés II**. Abu Simbel ya lo conoces; es el templo excavado en la montaña que se salvó cuando se decidió construir el lago Nasser. En sus relieves el faraón aparece sobre su carro de guerra, atacando a los enemigos. En algunas escenas vemos que le acompaña un león. ¿Y eso? ¡Pues claro, su mascota! Vale, igual yo soy un poco canija, pero de un gato a un león hay un paso. ¿No te gustaría tener un amigo tan fiel y majestuoso como un león?

Si vemos a la gente del pueblo llano representada junto a sus animales de compañía como perros y gatos, no parece extraño que los príncipes y los faraones contaran con este tipo de mascotas. No olvides que el león era el símbolo de la fuerza y del poder del rey. Quizá por eso Ramsés II siempre se acompañó de este imponente animal con el que iba incluso al campo de batalla.

¿CUÁNTO VALE EL ORO DE TUTANKHAMÓN?

Cuando Howard Carter salió de la tumba de Tutankhamón, dijo: «El brillo del oro está por todas partes». Y tenía razón. Muchos de los 5.500 objetos hallados en la tumba eran o estaban cubiertos de oro. En todas las habitaciones de la tumba había **estatuas de madera cubiertas de este metal precioso o sencillamente eran de oro macizo**. Piensa que los antiguos egipcios creían que el oro era el material del que estaba hecha la piel de los dioses. Por esta razón, para convertir a Tutankhamón en un dios inmortal pusieron en su tumba muchas figuras de él mismo hechas en oro. Las capillas funerarias que rodeaban los tres ataúdes en donde estaba la momia, uno dentro del otro, siendo el último de ellos de oro macizo, son solo un pequeño ejemplo de lo que había allí.

Si tuviera que elegir algo me quedaría precisamente con el ataúd de oro macizo y con **la máscara, también de oro**. El ataúd pesa 110,4 kilos. ¿Te lo puedes imaginar? Con el precio que hoy tiene este metal precioso, valdría unos 7,5 millones de euros. Por su parte, la máscara son casi 11 kilos de oro, unos 750.000 euros.

A esto hay que añadir el valor de las piedras semipreciosas que había en las incrustaciones. Al contrario de lo que mucha gente cree, los antiguos egipcios preferían utilizar **piedras semipreciosas como el lapislázuli** (una de mis favoritas, azul con incrustaciones de oro) o la turquesa, en lugar de diamantes o rubíes, ¡que seguro que has pensado en ellos! Es más, ni siquiera los conocían.

Pero te voy a decir una cosa. Tenemos que quitarnos de la cabeza la idea de que una pieza arqueológica vale tanto como el material del que está hecha. No son patatas o naranjas que compras al peso en un supermercado. El verdadero valor de esas piezas es la historia que nos cuentan, cómo están hechas, los textos que puedan tener grabados o las técnicas que emplearon para realizarlas. Con todo ello, podemos saber mucho de los antiguos egipcios y ese es **el verdadero valor de los tesoros arqueológicos**.

¿CUÁL FUE EL REGALO MÁS CURIOSO HECHO NUNCA A UN REY?

Si tuvieras que llevar algo a un amigo extranjero en otro país, ¿qué le llevarías de regalo? Imagino que estarás pensando en pedir ayuda a tus padres para comprar algo bonito. No te preocupes, ve pensando y luego volvemos con ello.

En el antiguo Egipto los faraones no siempre enviaban soldados para conquistar y comenzar guerras. Muchas veces **enviaban embajadas en misión de paz** para intercambiar regalos con los pueblos vecinos. Esto es lo que hicieron en varias ocasiones con el Punt, un misterioso país que hoy no sabemos dónde estaba con exactitud pero es posible que fuera al sur de Egipto, quizá en el llamado Cuerno de África, lo que hoy es Somalia.

En estas embajadas **los egipcios llevaban materiales** de los que ellos poseían en grandes cantidades, como por ejemplo **oro** o **ricos tejidos de lino**, y lo intercambiaban con los productos típicos de cada lugar. Pero no siempre eran regalos físicos, sino que también en ocasiones llevaban o traían personas.

Hay una anécdota muy curiosa al respecto. Durante una de las expediciones al Punt, Herjuf, un alto funcionario, recibió un mensaje muy extraño de su faraón: Pepi II, de la VI dinastía, le decía que le parecía muy bien que trajeran maderas y especias y todo eso, pero que lo que él de verdad de verdad quería era... **un enano bailarín**. Y es que, en ese momento, Pepi II solo tenía 6 años y en África, probablemente por Punt, parece ser que existía una raza de hombres y mujeres muy bajitos llamados pigmeos que llamaron la atención del faraón. «Su Majestad desea ver a este enano más que a cualquier producto del Sinaí y Punt», decía el mensaje.

Curioso, ¿verdad? ¿Has pensado ya qué llevarías de regalo si tuvieras que visitar un país extranjero?

92

¿CONOCÍAS EL PRIMER TRATADO DE PAZ DE LA HISTORIA?

Los antiguos egipcios siempre tuvieron un gran enemigo: **el pueblo hitita**, una cultura que nació en lo que hoy es Turquía y que se extendió por gran parte de la franja sirio-palestina. Los hititas iban por el norte y los egipcios por el sur, y es normal que en algún lugar acabaran encontrándose.

Las relaciones habían sido tensas durante muchos años. Ambos imperios estaban interesados en controlar los territorios de lo que hoy son Siria, Líbano e Israel para poder hacerse con el dominio comercial y estratégico de la zona. Los **lugares estratégicos** son aquellos que resultan claves para controlar una zona por sus accesos, estar junto a un río, grandes ciudades, etc.

Ese encontronazo definitivo entre los hititas liderados por el rey Muwatali II y los egipcios con Ramsés II a la cabeza llegó en el año 1274 a. C. y tuvo lugar junto a la ciudad siria de Qadesh. Conservamos tanto **textos hititas como egipcios** que nos hablan de todo lo que sucedió y de la cantidad de carros que participaron, ¡casi 6.000! Pero ahí no queda todo. Cuando Ramsés llegó con su ejército a las cercanías de Qadesh, sus hombres se hicieron con **dos espías hititas** que se habían aproximado para dar información falsa a los egipcios sobre la ubicación del ejército de Muwatali. Así, Ramsés se dio cuenta enseguida de que se encaminaba a una trampa y pudo reaccionar a tiempo.

Hoy sabemos que la batalla quedó en tablas, aunque Ramsés decía que había recibido **la ayuda del dios Amón** y que había vencido a los hititas. Todo esto parece una fanfarronada ya que de haber sido así, no tendría sentido que firmaran un acuerdo de paz con sus enemigos. Porque eso es lo que hicieron: firmar el primer tratado de paz del que se tiene noticia en la historia.

Es extraño, pero el acuerdo se puso por escrito casi 15 años después. Muwatali había muerto y fue su sucesor Hatusil III quien lo firmó con Ramsés II.

EN EL TRATADO PODEMOS LEER EL RESPETO DE AMBOS ESTADOS POR LAS FRONTERAS DE SU CONTRINCANTE Y EL COMPROMISO DE NO VOLVER A LUCHAR ENTRE SÍ NUNCA MÁS.

93

¿CUÁLES ERAN LOS FÓRMULA 1 DEL ANTIGUO EGIPTO?

El primer coche de la historia se inventó en 1886, así que a los egipcios les pillaba un poco lejos, pero ellos también tenían un medio de transporte rapidísimo: **¡los carros!**

Los carros egipcios eran uno de los medios de transporte más codiciados en el mundo antiguo. Curiosamente **la rueda** y **los caballos** tardaron mucho en entrar en Egipto. Por ejemplo, durante la época de la construcción de las pirámides sabemos que no usaron la rueda, ya que el transporte de los grandes bloques de piedra se hizo por medio de trineos de madera. Habrá que esperar a la invasión de los hicsos, los pueblos pastores que entraron en Egipto hacia el 1700 a. C., para encontrar los primeros carros. Con ellos entraron también los caballos y, como suele decirse, llegaron para quedarse.

Los relieves y las pinturas de las tumbas y los templos nos cuentan lo sofisticados que fueron los carros no solo para el transporte sino, especialmente, para la guerra. Recuerda cuando hablábamos de l**a batalla de Qadesh** entre los egipcios y los hititas, la importancia que tenían, ¡¡¡casi 6.000 carros entre los dos bandos!!!

En algunas tumbas del Valle de los Reyes hemos recuperado carros. Pero los más conocidos son la media docena que aparecieron en **la tumba de Tutankhamón**. La caja, nombre que recibe el lugar en donde te pones de pie en el carro y que va sobre las ruedas, estaba hecha de madera y la base era de cuero curtido, una superficie muy fuerte y al mismo tiempo flexible que amortiguaba los vaivenes. Esta caja era lo suficientemente grande para llevar dos personas: un conductor y un arquero que iba lanzando flechas al enemigo.

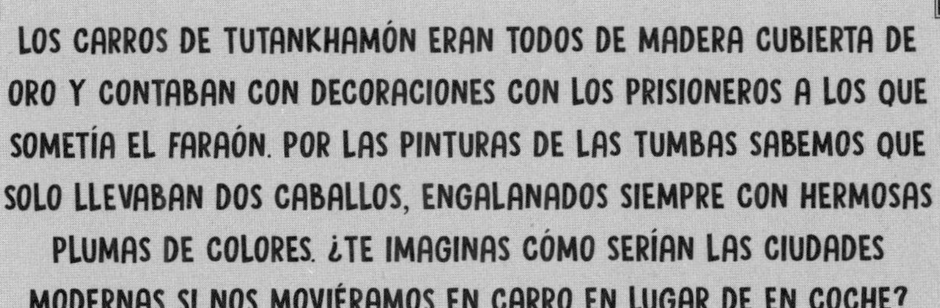

LOS CARROS DE TUTANKHAMÓN ERAN TODOS DE MADERA CUBIERTA DE ORO Y CONTABAN CON DECORACIONES CON LOS PRISIONEROS A LOS QUE SOMETÍA EL FARAÓN. POR LAS PINTURAS DE LAS TUMBAS SABEMOS QUE SOLO LLEVABAN DOS CABALLOS, ENGALANADOS SIEMPRE CON HERMOSAS PLUMAS DE COLORES. ¿TE IMAGINAS CÓMO SERÍAN LAS CIUDADES MODERNAS SI NOS MOVIÉRAMOS EN CARRO EN LUGAR DE EN COCHE?

EGIPTOMANÍA

¿CÓMO NACIÓ LA EGIPTOMANÍA?

Te estarás preguntando: ¿qué es la **egiptomanía**? Tú, que estás leyendo este libro y alguna vez te has comprado camisetas con esfinges o te has disfrazado de faraón, ¡eres un egiptomaníaco! Con esta palabra nos referimos a la **fascinación con el antiguo Egipto** y a las ganas de copiar el arte y los objetos egipcios en el mundo moderno. Pero ojo, no solo nos pasa a nosotros: a los propios antiguos ya les parecía una civilización increíble.

En Grecia y Roma fue donde nació realmente la egiptomanía, que siguió coleando, con sus más y sus menos, durante toda la historia hasta que llegamos al año 1798 con **Napoleón**. Este emperador francés mandó una expedición militar a Egipto. Además de cientos de soldados, en los barcos también iba un grupo de sabios como dibujantes, arquitectos, botánicos, historiadores, etc. Querían hacer una especie de libro colosal sobre la cultura egipcia, antigua y moderna, como nunca antes se había hecho. Así nació la ***Descripción de Egipto***, publicada a principios del siglo XIX en gigantescos volúmenes con ilustraciones preciosas.

Estos dibujos son los que hicieron **correr como la pólvora** la influencia de Egipto en la cultura europea y americana de entonces. Empezaron a aparecer edificios con columnas egipcias, muebles en cuyas patas había esfinges, relojes con motivos jeroglíficos...

Hasta el día de hoy podemos ver la influencia del Egipto faraónico por todas partes. En muchas profesiones como la magia, algunos ilusionistas han empleado motivos egipcios para dar un halo de misterio a sus trucos. Otros artistas como los arquitectos han usado miles de veces la forma de las columnas egipcias para las fachadas de sus edificios.

La egiptomanía sigue viva y estoy seguro de que si observas con atención a tu alrededor vas a verla en más sitios de los que crees.

¿QUIÉN FUE OMM SETI, LA PRIMERA EGIPTÓLOGA PROFESIONAL?

El verdadero nombre de Omm Seti era Dorothy Louis Eady y había nacido en Londres en 1904. Cuando apenas tenía 3 años sufrió un accidente en casa precipitándose escaleras abajo. Todos creían que había muerto, pero Dorothy sobrevivió y empezó a sentir cosas extrañas. Tenía visiones de una vida pasada. Creía que en otra vida había sido **sacerdotisa y amante del faraón Seti I**, hacía casi 3.000 años.

A medida que fue creciendo aprendió a interpretar jeroglíficos y estudió por su cuenta la cultura del antiguo Egipto. Todo lo que sabía era gracias a leer libros y analizar esas **misteriosas visiones.** ¿Te imaginas? A mí me daría mucho miedo, pero Dorothy fue muy valiente.

Con apenas 30 años viajó a Egipto, se casó con un egipcio y tuvo un hijo al que llamó Seti, como el faraón a quien había amado en la Antigüedad. Por eso fue llamada **Omm Seti**, que en árabe significa «la madre de Seti».

Omm Seti estuvo casi 20 años trabajando en la meseta de Gizeh junto a las pirámides con los mejores egiptólogos. Publicó decenas de artículos y fue contratada por la oficina de las antigüedades egipcias para trabajar como arqueóloga en 1952. Era la primera vez que una mujer recibía este honor.

Pasado un tiempo llegó al templo de Abydos, el templo funerario de Seti I. Allí estuvo hasta que murió en el año 1981. En ese tiempo lo reconstruyó siguiendo las visiones que tenía de **su misteriosa vida pasada.** ¡Una historia alucinante! Lo más bonito de todo es que ella fue respetada y muy querida por toda la comunidad egiptológica. Nadie puso en duda sus «locuras». Al contrario, la amaron y cuidaron hasta sus últimos días como lo que realmente era, una extraordinaria egiptóloga. El respeto y la comprensión ante los deseos y las opiniones de los demás es algo que nunca debemos olvidar.

96

¿QUIÉN FUE EL PRIMER ARQUEÓLOGO DE LA HISTORIA?

Ramsés II tuvo muchos hijos. Algunos dicen que **más de cien**. ¿Te imaginas ir por el palacio y ver a tantos hermanos y hermanas y no recordar el nombre de todos? Una locura. Pero a lo que vamos. Entre todos ellos, hubo algunos muy importantes. Quizá podríamos destacar a dos de ellos. El primero era **Merneptah** que acabaría heredando el trono de su padre. Pero yo me voy a quedar con el cuarto, **Khamwaset**, sumo sacerdote del dios Ptah, gobernador de Menfis y el primer arqueólogo de la historia.

Su vida debió de ser alucinante. Cuando él vivió hacia el 1250 a. C. muchos de los monumentos que habían construido sus ancestros ya eran muy antiguos.

Las pirámides tenían casi 1.500 años y era normal que con el paso de los siglos muchos de estos edificios se hubieran deteriorado. ¿Qué es lo que hizo Khamwaset? **Restaurarlos.**

Hoy nos parece lo más normal del mundo. Cuando vamos por la calle vemos fachadas de edificios antiguos con una lona verde que nos dice que están llevando a cabo obras de restauración. Pero antiguamente, eso era una cosa extraordinaria y el príncipe Khamwaset fue pionero, por eso se le considera el primer arqueólogo de la historia.

Por ejemplo, en Sakkara restauró la pirámide del rey Unas del 2400 a. C. Sobre su cara sur podemos leer un texto en el que se dice que esos bloques fueron colocados allí por este príncipe para **devolver el esplendor a la pirámide.**

Sospechamos que hizo lo mismo en otros monumentos más importantes como las pirámides de la meseta de Gizeh.

Khamwaset fue todo un pionero y es la primera persona de la historia en la que vemos esa conciencia por el valor del patrimonio, mostrando con ello un claro deseo de conservación y perpetuación para toda la eternidad.

¿SABÍAS QUE EL DESCUBRIDOR DE TUTANKHAMÓN FUE PINTOR?

No tengo ninguna duda de que a Tutankhamón lo conoces de sobra, pero ¿y a la persona que lo encontró tras milenios enterrado en el Valle de los Reyes? **Su descubridor se llamaba Howard Carter** y tuvo una vida apasionante, digna de una peli de aventuras.

Era el hijo de un pintor de acuarelas, que nació a las afueras de Londres en 1874. Desde niño mostró unas cualidades extraordinarias para el dibujo. En cierta ocasión, cuando tenía 15 años, pudo ver por primera vez una colección de piezas egipcias en la casa de una adinerada familia, los Amherst, para quien trabajaba su padre. Estos señores lo recomendaron a una sociedad de arqueólogos de Inglaterra para que lo probaran como dibujante en una excavación. Y así fue como con 17 años acabó en Egipto.

Howard Carter estuvo trabajando en la necrópolis de Beni Hassan y en Akhetatón, la ciudad del Faraón Hereje Akhenatón. Sus trabajos eran tan buenos que se lo acabaron rifando entre los arqueólogos porque todos querían tener al joven Howard en su equipo. **Así llega a la ciudad de Luxor** para trabajar en el templo de la reina Hatshepsut. En ese tiempo no solo dibujaba, sino que aprendió árabe y se convirtió en un brillante arqueólogo. Con apenas 25 años fue nombrado director de todos los monumentos del sur de Egipto. ¿Te imaginas? ¡Eso sí que es una carrera meteórica!

En cierta ocasión **Carter conoció a lord Carnarvon**, un rico inglés que había llegado a Egipto convaleciente por un accidente de tráfico que había sufrido en Alemania. Los dos se entendieron a la perfección y comenzó así una gran amistad. Carter conocía como nadie el Valle de los Reyes. Sabía que en algún lugar debía de estar la tumba de Tutankhamón. Y con tenacidad y paciencia la encontró. **El primer peldaño se descubrió el 4 de noviembre de 1922**. ¡La primera tumba casi intacta de un faraón jamás encontrada!

98

¿CONOCES A LA ILUSTRADORA NINA DAVIES?

Cuando estudias **arqueología**, una de las primeras cosas que aprendes es que el dibujo es más importante que la fotografía. Y es que, por mucha resolución que tenga la fotografía, un buen dibujo siempre es mucho más realista que la mejor foto. ¿Por qué? Porque el ojo humano observa detalles que la cámara no ve y es capaz de representarlos de una forma mucho más realista.

En la historia de la egiptología hay dos nombres que sobresalen en este sentido. Uno es **Howard Carter**, el descubridor de la tumba de Tutankhamón. Pero existe una mujer que supera el trabajo de Carter. Su nombre era **Nina de Garis Davies**. Era inglesa, aunque nació en la ciudad griega de Salónica en 1881. Visitó por primera vez Egipto en 1906. Allí, en Alejandría, se enamoró de la cultura faraónica y del egiptólogo Norman de Garis Davies, con quien se casaría al año siguiente. Desde entonces harían una pareja inseparable. Él era un extraordinario egiptólogo que excavó en multitud de lugares de Egipto y ella lo acompañó como un miembro más del equipo, dibujando todo lo que encontraban.

El mayor éxito del trabajo de Nina lo encontramos en las tumbas de los nobles de Luxor. Allí realizó **cientos de láminas,** reproduciendo las pinturas de las paredes con técnicas que hasta entonces nadie había empleado. Antes de que existieran las fotografías en color, la obsesión de Nina era precisamente el color. No se conformaba con emplear colores similares a los originales, como hacían sus compañeros, sino que ella misma fabricaba sus propias pinturas para que los colores de sus dibujos fueran exactamente iguales a los originales. ¡Y lo consiguió!

MIENTRAS SUS COLEGAS SOLÍAN EMPLEAR ACUARELAS, ELLA UTILIZABA TÉMPERAS CON CLARA DE HUEVO, OBTENIENDO UNOS RESULTADOS QUE NADIE HA PODIDO SUPERAR. GRACIAS A SU TRABAJO HOY TENEMOS PINTURAS QUE POR DESGRACIA HAN DESAPARECIDO, COPIADAS CON ABSOLUTA FIDELIDAD. ¡¡¡GRACIAS, NINA!!!

99

¿CUÁLES FUERON LOS PASOS PARA DESCIFRAR LOS JEROGLÍFICOS?

El abecedario que tú has aprendido en el colegio tiene 27 letras, desde la A a la Z. Sin embargo, en el antiguo Egipto era un poco más complicado. Bueno, realmente, bastante más complicado. No te voy a engañar. **Ellos tenían más de 5.000 jeroglíficos**, es decir, ideogramas o dibujos de cosas que podían representar letras o palabras enteras. ¡Menuda barbaridad!

Lo que pasa es que, durante siglos, nadie supo leer estos jeroglíficos. ¡Se creían que eran solo dibujitos! Como te comentaba en otro capítulo hablando de la piedra de Rosetta, el primero que pudo descifrar la escritura jeroglífica fue **Jean-François Champollion**, un estudioso francés, en 1822. Después de muchos años de investigación y ayudándose de esta misteriosa piedra descubierta en Egipto, consiguió resolver el misterio. La piedra de Rosetta, que hoy se puede ver en el **Museo Británico de Londres**, tenía el mismo texto en jeroglífico egipcio y en griego antiguo. Conociendo el griego, pudo buscar claves para resolver el enigma.

¿Cómo lo consiguió? El joven francés se dio cuenta de que los jeroglíficos, las figuras que forman la escritura, pueden ser letras o palabras enteras. Se dio cuenta de que habían escrito el nombre de la **reina Cleopatra**, un nombre griego, usando sus símbolos, y así logró leer su primera palabra en egipcio antiguo. Pasaba lo mismo con otros nombres griegos como el de Ptolomeo o romanos, como César u Octavio Augusto. Todo parecía encajar.

A partir de ahí, y durante dos décadas, Champollion fue descifrando poco a poco esta escritura tan complicada, que has de conocer bien para saber qué significa cada signo porque dependiendo de la frase puede tener un sentido u otro.

Con la tabla que te he dado en la página **60**, ¿te atreves a leer este nombre?

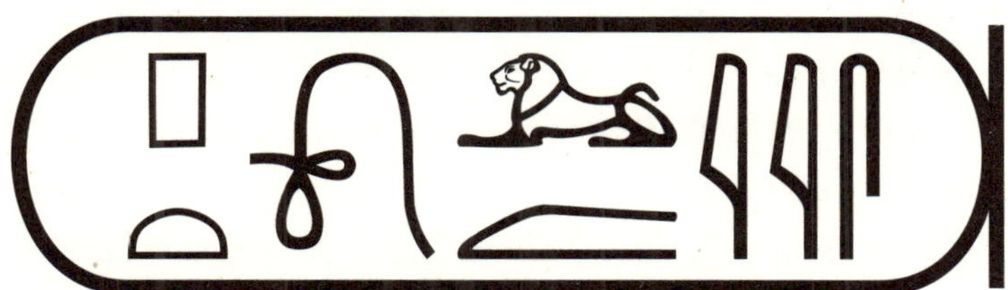

¡En efecto, es el nombre de Ptolomeo, el primer faraón griego de Egipto! Aunque nosotros lo escribiríamos así: P T L M D Y S, porque en griego era Ptolomeos. ¿Lo pillas?

¿Qué, te animas a escribir tu nombre como
si fueras un faraón? ¡Inténtalo!

¿CÓMO FUE EL DESCUBRIMIENTO DE LA TUMBA DE TUTANKHAMÓN?

La realidad siempre supera a la ficción. ¿Cuántas veces has oído decir esta frase? Ni el mejor guion de una peli podría superar la verdadera historia del **hallazgo de Tutankhamón.**

Ya te he contado que Howard Carter llegó con apenas 17 años a Egipto. Entonces era solo dibujante, pero pronto se convirtió en el mejor arqueólogo de su época. Cuando Carter conoce a lord Carnarvon este le ayudó a buscar al Faraón Niño. Sabía que en el Valle de los Reyes estaba su tumba, pero ¿dónde? En el centro del valle habían aparecido objetos con el nombre de este faraón, luego tenía que estar allí. ¡Sí o sí!

Empezó a buscar en diferentes partes del valle, pero sin éxito. Después de **más de 5 años**, lord Carnarvon ya no estaba tan seguro de lo que Carter le contaba y decidió dejar de pagarle las excavaciones. ¡Carter no se lo podía creer! Estaba convencido de que Tutankhamón se encontraba muy cerca y convenció a su amigo y patrocinador. **Sería la última campaña: 1922.**

Empezaron junto a la tumba de Ramsés VI el día 2 de noviembre. En un par de días dieron con el inicio de una escalera. «Encontrado el primer escalón de una tumba», escribió el arqueólogo en la hoja de su diario del 4 de noviembre de 1922. En aquel momento Carnarvon estaba en Inglaterra. Carter mandó un telegrama y lo esperó. Dos semanas después retomaron la excavación, vaciaron la escalera y apareció **una puerta con el nombre de Tutankhamón.** ¡Lo había conseguido! Pero ¿y si la tumba había sido saqueada? Impacientes, derribaron esa primera puerta y encontraron un pasillo lleno de escombros. Al final había otra puerta. Carter hizo un agujero e introdujo una lámpara para ver lo que había en el interior de la tumba. Carnarvon nervioso preguntó: «Carter, ¿ve usted algo?». Y Carter solo pudo responder «Sí, cosas maravillosas». Habían descubierto la tumba intacta de un faraón repleta de tesoros. Muebles, carros, estatuas, arcones, ropas, bastones, cetros... Tutankhamón volvía a la vida más de 3.000 años después.

¿QUÉ ME LLEVO EN MI PRIMER VIAJE A EGIPTO?

A que has aprendido un montón de cosas que no sabías? Venga, confiesa, te mueres de ganas de ir a Egipto, ¿a que sí? Pues déjame contarte qué cosas tienes que llevarte sí o sí cuando visites mi tierra, para que así disfrutes al cien por cien de la experiencia.

Egipto es un país caluroso. En verano vas a tener la misma temperatura que en muchos lugares del sur de España y en invierno puedes tener hasta frío. Por eso es recomendable siempre hacer las visitas a principios de verano para evitar el calor. ¡Habrá que madrugar! Si vas en diciembre o en enero, no te olvides algo de ropa de abrigo porque por las mañanas refresca. Puede haber entre 0 y 5 grados, aunque a medida que avanza el día se alcanzan los 30. ¡Ah! **Y no te olvides del sombrero y de las gafas de sol.** ¡Imprescindibles en cualquier momento del año!

La ropa siempre **de algodón y cómoda**. El **calzado cerrado** a ser posible. Piensa que muchas de las zonas arqueológicas son desérticas así que evita llevar sandalias para que la arena o las piedras no te dañen los pies.

Como vas a estar rodeado de monumentos increíbles, yo te recomiendo que te lleves **una cámara de fotos**, aunque con la del móvil vale, y también **un cuaderno de dibujo** y **unos buenos lápices de colores**. Dibujar hará que te fijes en detalles que a simple vista la cámara pasa por alto. Cuando estés en el hotel puedes aprovechar los paisajes desde la ventana o los que veas desde la cubierta del barco en el crucero. ¡Imagínate qué pasada hacer lo mismo que hacía Howard Carter en las tumbas del Valle de los Reyes!

Llévate también un cuaderno de notas y escribe las cosas que te interesan. Luego puedes buscar información en internet o en libros sobre lo que te ha llamado la atención y ampliar tus conocimientos del antiguo Egipto.

UNA COSA IMPORTANTE, QUIZÁ LO MÁS IMPORTANTE DE TODO. PROCURA NO TOCAR LAS PAREDES DE LOS MONUMENTOS, LAS PINTURAS DE LAS TUMBAS, LAS ESTATUAS EN LOS MUSEOS. MUCHA GENTE LO HACE Y ES UNA PENA. ¡LLÁMALES LA ATENCIÓN! EN NUESTRAS MANOS ESTÁ CONSERVAR ESTE MARAVILLOSO LEGADO PARA LAS GENERACIONES FUTURAS.